チャート式®
シリーズ

中学

理科

3年

準拠ドリル

数研出版
https://www.chart.co.jp

本書の特長と構成

本書は「チャート式シリーズ 中学理科 3 年」の準拠問題集です。
本書のみでも学習可能ですが，参考書とあわせて使用することで，さらに力がのばせます。

特長

1. チェック→トライ→チャレンジの 3 ステップで，段階的に学習できます。

2. 巻末のテストで，学年の総まとめと入試対策の基礎固めができます。

3. 参考書の対応ページを掲載。分からないときやもっと詳しく知りたいときにすぐに参照できます。

構成

1 項目あたり見開き 2 ページです。

チェック
基本問題です。ここで単元の要点を確認しましょう。

ポイント
チャート式シリーズ参考書の項目番号です。

色のついた部分は特に大事なので，おさえておきましょう。

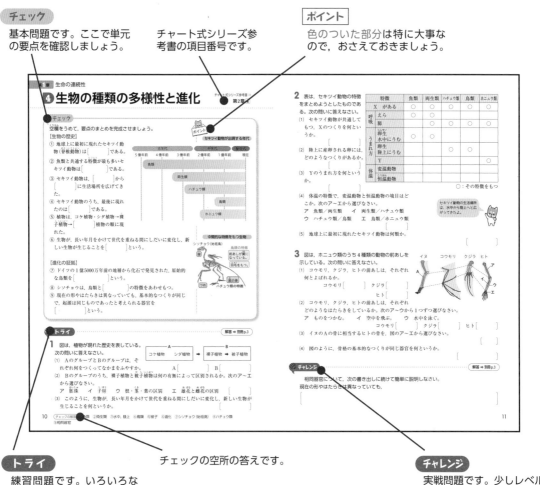

トライ
練習問題です。いろいろな形式の問題に慣れましょう。

チェックの空所の答えです。

チャレンジ
実戦問題です。少しレベルの高い問題に挑戦しましょう。

確認問題　数項目ごとに学習内容が定着しているか確認する問題です。

入試対策テスト　学年の総まとめと入試対策の基礎固めを行うテストです。

もくじ

一緒に
がんばろう！

数研出版公式キャラクター
数犬 チャ太郎

❶生物の成長と細胞の変化

✏️ チェック

空欄をうめて，要点のまとめを完成させましょう。

【根の成長のようす】

① 根が成長するときには，〔　　　　〕に近い部分がよく伸びる。

② 根の先端に近い部分の細胞の大きさは，根もとに近い部分に比べて〔　　　　〕。

③ 1つの細胞が2つに分かれることを〔　　　　　　〕という。

④ 根や茎の先端近くにある，細胞分裂が盛んに行われている部分を〔　　　　〕という。

⑤ 多細胞生物は細胞分裂によって細胞の数がふえ，それぞれの細胞が〔　　　　〕なることで，からだ全体が成長する。

⑥ 細胞分裂の途中の細胞に見えるひものようなものを〔　　　　　〕という。

【細胞分裂の観察】

⑦ 1つ1つの細胞を離れやすくするために使う薬品は，うすい〔　　　　〕である。

⑧ 染色液には〔　　　　　　〕液などを使う。

⑨ カバーガラスをゆっくりかけるのは，〔　　　　〕が入らないようにするためである。

⑩ ろ紙の上から指で押しつぶすのは，細胞の〔　　　　〕をなくすためである。

【体細胞分裂】

⑪ 多細胞生物のからだをつくる細胞を〔　　　　〕という。

⑫ 体細胞で起こる細胞分裂を〔　　　　　〕という。

⑬ 同じ染色体がつくられることを，染色体の〔　　　　〕という。

⑭ 体細胞分裂が始まると，ひものような〔　　　　〕が見えるようになる。

⑮ 染色体は，細胞の中央に集まったあと，分かれて，細胞の〔　　　　〕に移動する。

⑯ 体細胞分裂の前後で，染色体の数は〔　　　　　　〕。

ポイント

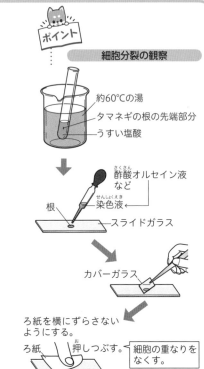

細胞分裂の観察

約60℃の湯
タマネギの根の先端部分
うすい塩酸

酢酸オルセイン液など
根
染色液
スライドガラス

カバーガラス

ろ紙を横にずらさないようにする。

ろ紙　押しつぶす。　細胞の重なりをなくす。

体細胞分裂のようす

❶ 細胞質

分裂前の細胞　核

❷ 染色体

核の形が消え，染色体が現れる。

❸ 染色体が中央に集まる。

❹ 染色体が分かれて，それぞれ両端に移動する。

❺ 両端に核ができ始め，仕切りができる。

❻ 細胞質が2つに分かれ，2つの細胞ができる。

チェックの解答 ①先端 ②小さい ③細胞分裂 ④成長点 ⑤大きく ⑥染色体 ⑦塩酸 ⑧酢酸オルセイン（酢酸カーミン）
⑨気泡 ⑩重なり ⑪体細胞 ⑫体細胞分裂 ⑬複製 ⑭染色体 ⑮両端 ⑯同じになる（変化しない）

解答 ➡ 別冊p.2

🔺 トライ

1 ソラマメの種子を発芽させ，根が **2 cm** くらい
伸びたところで，図1のように，根に等間隔の印
をつけた。3日間そのままにし，印と印の間の長
さの変化を調べた。次の問いに答えなさい。

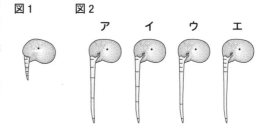

(1) 3日目の印の位置は，どのようになったか。図
2のア～エから選びなさい。

〔　　　　　〕

(2) 3日目のソラマメの根の印を消し，図3
のように，A～Cに区切ってそれぞれの部
分を顕微鏡で観察した。A～Cを観察した
結果をそれぞれア～ウから選びなさい。

A〔　　　〕　　B〔　　　〕　　C〔　　　〕

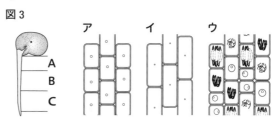

(3) 根や茎で，細胞分裂が盛んに行われてい
る部分を何というか。

〔　　　　　　〕

2 タマネギを水にひたして発根させ，根を切り取って染色液で染色した
後，顕微鏡で細胞分裂のようすを観察した。次の問いに答えなさい。

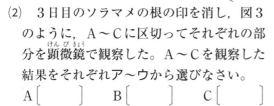

(1) この実験で使った染色液の名称を答えなさい。

〔　　　　　　　〕

(2) 観察に使うのは根のどの部分か。右の図のA～Dから選びなさい。

〔　　　　　〕

(3) 次のア～カを，アを先頭にして細胞分裂の順に並べなさい。

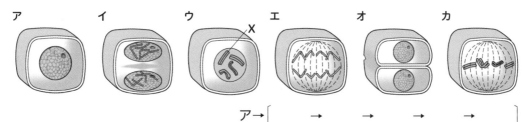

ア→〔　　→　　　→　　　→　　　→　　　〕

(4) 上の図のウの細胞に見えるXを何というか。

〔　　　　　　　〕

(5) 上の図のアの細胞にあるXの数は16本である。細胞
分裂したあとの細胞1つに含まれるXの数は何本か。

〔　　　　　　　〕

Xは，細胞分裂が
始まる前に複製さ
れているよ。複製
されたものが分か
れるから…

📖 チャレンジ

解答 ➡ 別冊p.2

多細胞生物が成長するようすを，「細胞」ということばを使って簡単に説明しなさい。

〔　　　　　　　　　　　　　　　　　　　　　　　　　　　　　　　　　　　〕

② 生物のふえ方

✎ チェック

ポイント

空欄をうめて，要点のまとめを完成させましょう。

【無性生殖】

① 生物が，自分（親）と同じ種類の新しい個体（子）をつくることを
[　　　　　]という。

② 体細胞分裂による生殖を[　　　　　]という。

③ 無性生殖のうち，植物が，からだの一部から新しい個体をつくる
ことを[　　　　　]という。

【有性生殖】

④ 受精による生殖を[　　　　　]という。

⑤ 卵，精子，卵細胞，精細胞といった，生殖のための特
別な細胞を[　　　　　]という。

⑥ 生殖細胞の核が合体して1つの細胞になることを
[　　　　　]という。

⑦ 受精によってつくられる新しい細胞を[　　　　　]
という。

⑧ 動物で，受精卵が細胞分裂を始めてから，自分で食物
をとり始める前までを[　　　　]という。

⑨ 花粉が柱頭につくと伸びる管を[　　　　　]という。

⑩ 被子植物では，卵細胞は，子房の中の[　　　　]にある。

⑪ 被子植物で，受精卵は細胞分裂をくり返して[　　　　]になる。

⑫ 花粉管の観察で，ショ糖水溶液を使うのは，めしべの[　　　　　]
と同じような状態にするためである。

【染色体の受けつがれ方】

⑬ 親の染色体をそのまま受けつぐのは，有性生殖と無性
生殖のうち，[　　　　　]である。

⑭ 生殖細胞ができるときに起こる細胞分裂を
[　　　　　]という。

⑮ 減数分裂では，染色体の数がもとの細胞の[　　　]に
なる。

無性生殖

・単細胞生物…分裂
　例：ミカヅキモ，アメーバ
　　　など

・植物…栄養生殖
　例：ジャガイモのいも，さし
　　　木，ほふく茎，むかご
　　　など

被子植物の生殖と発生

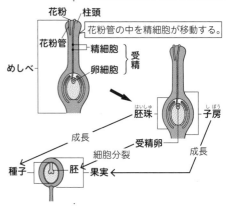
花粉管の中を精細胞が移動する。

染色体の受けつがれ方

・無性生殖

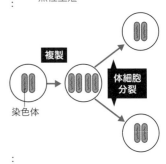
複製 / 体細胞分裂 / 染色体

・有性生殖

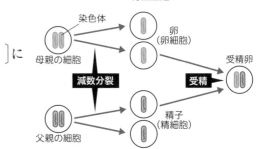
染色体 / 卵（卵細胞）/ 母親の細胞 / 減数分裂 / 受精 / 受精卵 / 精子（精細胞）/ 父親の細胞

チェックの解答　①生殖　②無性生殖　③栄養生殖　④有性生殖　⑤生殖細胞　⑥受精　⑦受精卵　⑧胚　⑨花粉管　⑩胚珠
⑪胚　⑫柱頭　⑬無性生殖　⑭減数分裂　⑮半分

解答 ➡ 別冊p.2

トライ

1 図は，カエルの卵と精子が合体し，細胞分裂をくり返して成長していく過程の一部を示している。次の問いに答えなさい。

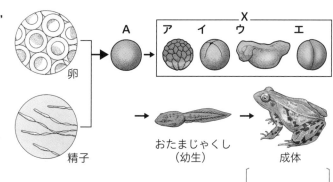

卵　精子

A　X　ア　イ　ウ　エ

おたまじゃくし（幼生）　成体

(1) 卵や精子などをまとめて何というか。 〔　　　　　　〕

(2) Aは，卵の核と精子の核が合体してできた1つの細胞である。Aを何というか。 〔　　　　　　〕

(3) Xは，Aが細胞分裂を始めてから，自分で食物をとり始める前までを表している。Xを何というか。 〔　　　　　　〕

(4) Xのア〜エを，成長の順に並べかえなさい。 〔　　→　　→　　→　　〕

(5) Aが成体になるまでの過程を何というか。 〔　　　　　　〕

2 図は，ある生物の染色体の受けつがれ方を模式的に表したものである。次の問いに答えなさい。

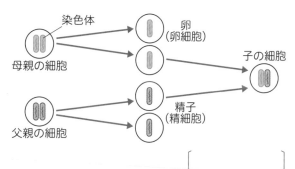

染色体　卵（卵細胞）　子の細胞

母親の細胞　精子（精細胞）　父親の細胞

(1) 図は，無性生殖と有性生殖のどちらを表しているか。 〔　　　　　　〕

(2) 卵（卵細胞）や精子（精細胞）ができるときに行われる細胞分裂を何というか。 〔　　　　　　〕

(3) 親の細胞の染色体の数が12本のとき，卵，精子，子の細胞の染色体の数は，それぞれ何本か。

卵〔　　　〕 精子〔　　　〕 子の細胞〔　　　〕

(4) 図の子の細胞について述べた文として正しいものを，次のア〜ウから選びなさい。

ア　母親の細胞と同じになる。

イ　父親の細胞と同じになる。

ウ　両親のどちらの細胞とも異なる。 〔　　　　　　〕

図は，体細胞（たいさいぼう）の染色体の数を2本として表しているよ。(2)の細胞分裂が行われると，染色体の数はどうなるかな。

チャレンジ

解答 ➡ 別冊p.2

図1は，母親の細胞の染色体と父親の細胞の染色体を模式的に表したものである。受精卵の染色体を図2にかき入れなさい。

図1　染色体　母親の細胞　父親の細胞

図2

3 遺伝の規則性と遺伝子

チェック

空欄をうめて、要点のまとめを完成させましょう。

【遺伝】

① 生物のもつ形や性質などを［　　　　　］という。

② 親の形質が子や孫の世代に伝わることを［　　　　　］という。

③ 生物の形質のもとになるものを［　　　　　］という。

④ 遺伝子は、細胞の核内の［　　　　　］にある。

【メンデルが行った実験】

⑤ 19世紀の中ごろ、エンドウを材料として、遺伝の規則性を発見した人物は［　　　　　］である。

⑥ 花粉が同じ個体のめしべにつくことを［　　　　　］という。

⑦ 自家受粉によって親、子、孫と代を重ねても、その形質がすべて親と同じである場合、これらを［　　　　　］という。

⑧ エンドウの種子の形の「丸」と「しわ」のように、どちらか一方しか現れない形質どうしを［　　　　　］という。

⑨ 対になっている体細胞の遺伝子が、減数分裂によって、分かれて別々の生殖細胞に入ることを［　　　　　］の法則という。

⑩ 対立形質をもつ純系どうしをかけ合わせたとき、子には、［　　　　　］の親の形質だけが現れる。

⑪ 対立形質をもつ純系どうしをかけ合わせたとき、子に現れる形質を［　　　　　］（の）形質という。

⑫ 対立形質をもつ純系どうしをかけ合わせたとき、子に現れない形質を［　　　　　］（の）形質という。

⑬ 対立形質をもつ純系どうしをかけ合わせて子をつくり、その子どうしを自家受粉させてできる孫の個体数は、顕性形質と潜性形質が［　　　　　］の数の比になる。

【遺伝子の本体】

⑭ 遺伝子の本体は、［　　　　　］（デオキシリボ核酸）という物質である。

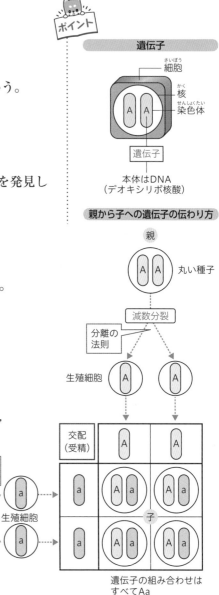

ポイント

遺伝子

細胞
核
染色体

遺伝子

本体はDNA
（デオキシリボ核酸）

親から子への遺伝子の伝わり方

親

A A　丸い種子

減数分裂

分離の法則

生殖細胞　A　　A

交配（受精）

親　a a　しわのある種子

減数分裂

分離の法則

生殖細胞　a　　a

子

A A　　A A

A a　　A a

遺伝子の組み合わせはすべてAa
→すべて 丸い種子

チェックの解答　①形質　②遺伝　③遺伝子　④染色体　⑤メンデル　⑥自家受粉　⑦純系　⑧対立形質　⑨分離　⑩一方
⑪顕性　⑫潜性　⑬3:1　⑭DNA

1 　図のように，代々赤花をさかせるマツバボタンと，代々白花をさ
かせるマツバボタンを親としてかけ合わせたところ，できた種子（子）
はすべて赤花をさかせた。赤花をさかせる遺伝子をR，白花をさか
せる遺伝子を r として，次の問いに答えなさい。

(1)　マツバボタンの花の色で，顕性形質は赤色，白色のどちらか。

〔　　　　　　〕

(2)　子どうしで受粉させ，できた種子（孫）をまいて育てたところ，赤
花と白花がさいた。

①　同じ個体どうしで受粉することを何というか。

〔　　　　　　〕

②　孫の代で，赤花をさかせる個体の遺伝子の組み合わせをすべて答えなさい。

〔　　　　　　〕

③　孫の代の，赤花と白花の個体数の比を，最も簡単な整数の比で求めなさい。

赤花：白花 ＝〔　　　　　　〕

2　図は，エンドウの遺伝
子の伝わり方を表そうと
したもので，種子を丸に
する遺伝子をA，しわに
する遺伝子をaの記号で
表している。次の問いに
答えなさい。

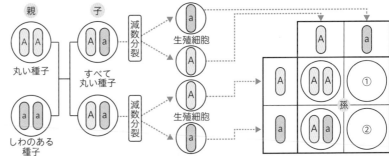

(1)　子には，しわのある
種子は現れなかった。このように，子に現れない形質を何というか。

〔　　　　　　〕

(2)　図の①，②に入るものを，次のア〜オから1つずつ
選びなさい。

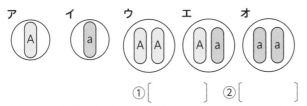

遺伝子の本体の物質は，日本語では「デオキシリボ核酸」というよ。

①〔　　　　〕　②〔　　　　〕

(3)　遺伝子の本体は何という物質か。アルファベット3文字で答えなさい。

〔　　　　　　〕

　分離の法則について，次の書き出しに続けて簡単に説明しなさい。

対（つい）になっている親の遺伝子が〔

4 生物の種類の多様性と進化

チェック

空欄をうめて，要点のまとめを完成させましょう。

【生物の歴史】

① 地球上に最初に現れたセキツイ動物（脊椎動物）は〔　　　　　〕である。

② 魚類と共通する特徴が最も多いセキツイ動物は〔　　　　　〕である。

③ セキツイ動物は，〔　　　　　〕から〔　　　　　〕に生活場所を広げてきた。

④ セキツイ動物のうち，最後に現れたのは〔　　　　　〕である。

⑤ 植物は，コケ植物・シダ植物→裸子植物→〔　　　　　〕植物の順に現れた。

⑥ 生物が，長い年月をかけて世代を重ねる間にしだいに変化し，新しい生物が生じることを〔　　　　　〕という。

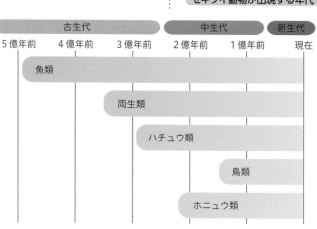

ポイント

セキツイ動物が出現する年代

古生代			中生代		新生代
5億年前	4億年前	3億年前	2億年前	1億年前	現在

魚類
両生類
ハチュウ類
鳥類
ホニュウ類

【進化の証拠】

⑦ ドイツの1億5000万年前の地層から化石で発見された，原始的な鳥類を〔　　　　　〕という。

⑧ シソチョウは，鳥類と〔　　　　　〕の特徴をあわせもつ。

⑨ 現在の形やはたらきは異なっていても，基本的なつくりが同じで，起源は同じものであったと考えられる器官を〔　　　　　〕という。

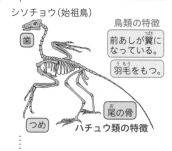

中間的な特徴をもつ生物

シソチョウ（始祖鳥）

歯

鳥類の特徴
前あしが翼になっている。
羽毛をもつ。

尾の骨
つめ
ハチュウ類の特徴

トライ

解答 ⇒ 別冊p.3

1 図は，植物が現れた歴史を表している。次の問いに答えなさい。

── A ──	── B ──
コケ植物　　シダ植物	➡ 裸子植物 ➡ 被子植物

(1) AのグループとBのグループは，それぞれ何をつくってなかまをふやすか。　　A〔　　　　　〕　B〔　　　　　〕

(2) Bのグループのうち，裸子植物と被子植物は何の有無によって区別されるか。次のア〜エから選びなさい。

ア 胚珠　　イ 子房　　ウ 根・茎・葉の区別　　エ 雄花と雌花の区別　　〔　　　　　〕

(3) このように，生物が，長い年月をかけて世代を重ねる間にしだいに変化し，新しい生物が生じることを何というか。

〔　　　　　〕

チェックの解答 ①魚類　②両生類　③水中，陸上　④鳥類　⑤被子　⑥進化　⑦シソチョウ（始祖鳥）　⑧ハチュウ類　⑨相同器官

2 表は，セキツイ動物の特徴をまとめようとしたものである。次の問いに答えなさい。

特徴		魚類	両生類	ハチュウ類	鳥類	ホニュウ類
X　がある		○	○	○	○	○
呼吸	えら	○				
	肺		○	○	○	○
うまれ方	卵生 水中にうむ	○	○			
	卵生 陸上にうむ			○	○	
	Y					○
体温	変温動物					
	恒温動物					

○：その特徴をもつ

(1) セキツイ動物が共通してもつ，Xのつくりを何というか。

〔　　　　　　〕

(2) 陸上に産卵される卵には，どのようなつくりがあるか。

〔　　　　　　〕

(3) Yのうまれ方を何というか。

〔　　　　　　〕

(4) 体温の特徴で，変温動物と恒温動物の境目はどこか。次のア〜エから選びなさい。

　ア　魚類／両生類　　　イ　両生類／ハチュウ類
　ウ　ハチュウ類／鳥類　　エ　鳥類／ホニュウ類

〔　　　　　　〕

(5) 地球上に最初に現れたセキツイ動物は何類か。

〔　　　　　　〕

> セキツイ動物の生活場所は，水中から陸上へと広がってきたよ。

3 図は，ホニュウ類のうち4種類の動物の前あしを示している。次の問いに答えなさい。

(1) コウモリ，クジラ，ヒトの前あしは，それぞれ何とよばれるか。

　コウモリ〔　　　　　〕　クジラ〔　　　　　〕

　ヒト〔　　　　　〕

(2) コウモリ，クジラ，ヒトの前あしは，それぞれどのようなはたらきをしているか。次のア〜ウから1つずつ選びなさい。

　ア　ものをつかむ。　　イ　空中を飛ぶ。　　ウ　水中を泳ぐ。

　コウモリ〔　　　　〕　クジラ〔　　　　〕　ヒト〔　　　　〕

(3) イヌのAの骨に相当するヒトの骨を，図のア〜エから選びなさい。

〔　　　　　　〕

(4) 図のように，骨格の基本的なつくりが同じ器官を何というか。

〔　　　　　　〕

チャレンジ ⸱⸱⸱⸱⸱⸱⸱⸱⸱⸱⸱⸱⸱⸱⸱⸱⸱⸱⸱⸱⸱⸱⸱⸱⸱⸱⸱⸱⸱⸱⸱⸱⸱⸱⸱⸱⸱⸱⸱ 解答 ➡ 別冊p.3

　相同器官について，次の書き出しに続けて簡単に説明しなさい。
現在の形やはたらきは異なっていても，

〔　　　　　　　　　　　　　　　　　　　　　　　　　　　　〕

1 図のように，タマネギを水にひたして発根させたもの を使って，染色体を観察する。次の問いに答えなさい。

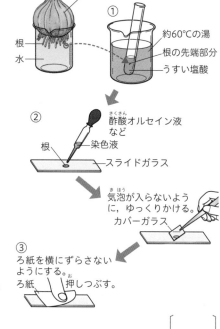

(1) 染色体を観察するのによい部分を，次のア～ウから 選びなさい。　〔　　　〕

　ア　根の生えぎわ付近　　イ　根の中央部
　ウ　根の先端付近

(2) (1)でその部分を選んだ理由を説明した次の文の〔　〕 の中に当てはまる語を答えなさい。

　その部分は，〔　　　　　　　　〕が盛んに行われてい るから。

(3) (1)の部分以外にある細胞では染色体を観察すること は難しいが，染色液の酢酸オルセイン液をたらすとよ く染まる部分がある。その部分は細胞のどこか。

〔　　　　　　　〕

(4) 染色体を観察するとき，図の①～③の操作を行う理 由を，下のア～ウからそれぞれ1つずつ選びなさい。

　①　約60℃のうすい塩酸にひたす。　　　　　　〔　　〕

　②　酢酸オルセイン液をたらす。　　　　　　　〔　　〕

　③　カバーガラスをかけ，ろ紙の上から押しつぶす。　〔　　〕

　ア　細胞の重なりをなくすため。　　　　イ　細胞を1つ1つ離れやすくするため。
　ウ　染色体を観察しやすくするため。

2 図は，被子植物の生殖と発生を模式的に示している。 次の問いに答えなさい。

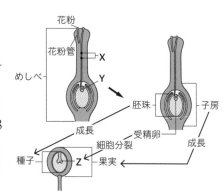

(1) 有性生殖において，生殖細胞をつくるために行われ る特別な細胞分裂を何というか。

〔　　　　　　　〕

(2) (1)の特別な細胞分裂により，体細胞の染色体数が18 本の被子植物では，生殖細胞の染色体数は何本になる か。　〔　　　　　　　〕

(3) 花粉管の中を移動するXを何というか。

〔　　　　　　　〕

(4) Xと受精するYを何というか。　　　　　　〔　　　　　〕

(5) XとYが受精してできた受精卵が細胞分裂をくり返してできるZを何というか。

〔　　　　　　　〕

(6) (2)の体細胞の染色体数が18本の被子植物では，受精によってできたZの染色体数は何本に なるか。　〔　　　　　〕

3 種子を丸にする形質をもつ純系のエンドウXに，種子をしわにする形質をもつ純系のエンドウYをかけ合わせる。図のア～オは，細胞の染色体の構成を模式的に示しており，種子を丸にする遺伝子をA，種子をしわにする遺伝子をaの記号で表している。次の問いに答えなさい。

ア	イ	ウ	エ	オ
(A)	(a)	(A A)	(A a)	(a a)

(1) 体細胞の染色体の構成について，次の①，②に当てはまるものを，図のア～オからそれぞれ1つずつ選びなさい。

① 純系のエンドウXの体細胞の染色体構成 〔　　　〕

② 純系のエンドウYの体細胞の染色体構成 〔　　　〕

(2) 生殖細胞の染色体の構成について，次の①，②に当てはまるものを，図のア～オからそれぞれ1つずつ選びなさい。

① 純系のエンドウXの生殖細胞の染色体構成 〔　　　〕

② 純系のエンドウYの生殖細胞の染色体構成 〔　　　〕

(3) 純系のエンドウXと純系のエンドウYを親としてかけ合わせたところ，子の種子はすべて丸になった。丸としわでは，どちらが顕性形質か。

〔　　　　　　　〕

(4) (3)で生じた子の体細胞の染色体構成を，図のア～オから1つ選びなさい。

〔　　　〕

4 表は，セキツイ動物の種類とその特徴について，まとめたものである。次の問いに答えなさい。

	A	両生類		B	C	D
うまれ方	卵生（殻のある卵）	卵生（殻のない卵）		胎生	卵生（殻のある卵）	卵生（殻のない卵）
体温	恒温	変温		恒温	変温	変温
呼吸	肺	子	Xと皮膚	肺	肺	えら
		親	Yと皮膚			
体表	羽毛	うすく湿った皮膚		毛	うろこ	うろこ

(1) 表のA～Dに当てはまるセキツイ動物の種類を答えなさい。

A〔　　　　　〕　B〔　　　　　〕　C〔　　　　　〕　D〔　　　　　〕

(2) AとCの卵には殻がある。卵に殻がある理由を説明した次の文の〔　〕に当てはまる語を答えなさい。

AとCは卵を陸上にうむので，〔　　　　　　〕を防ぐために，卵には殻がある。

(3) XとYに当てはまる呼吸器官を答えなさい。

X〔　　　　　　〕　Y〔　　　　　　〕

5 電流が流れる水溶液

チャート式シリーズ参考書 >>
第3章 1

チェック

空欄をうめて，要点のまとめを完成させましょう。

【電解質と非電解質】

① 塩化ナトリウムや塩化水素のように，水に溶かしたときに水溶液に電流が流れる物質を〔　　　　　　　〕という。

② 砂糖やエタノールのように，水に溶かしても水溶液に電流が流れない物質を〔　　　　　　　〕という。

【電解質の水溶液に電流を流したときの変化】

③ 塩化銅水溶液に電流を流すと，塩化銅が，みがくと光沢の出る〔　　　　　〕と，赤インクで着色した水の色を消す作用のある〔　　　　〕に分解する。

④ 塩化銅水溶液の電気分解の化学反応式

塩化銅 ⟶ 銅（陰極側）＋塩素（陽極側）

$CuCl_2$ ⟶ Cu ＋〔　　　　〕

⑤ うすい塩酸は，気体の〔　　　　　　　〕が水に溶けた水溶液である。

⑥ うすい塩酸に電流を流すと，塩化水素が，燃やすと水ができる〔　　　　　〕と，赤インクで着色したろ紙の色を消す作用のある〔　　　　〕に分解する。

⑦ 塩酸の電気分解の化学反応式

塩化水素 ⟶ 水素（陰極側）＋塩素（陽極側）

$2HCl$ ⟶〔　　　　〕＋ Cl_2

⑧ 電気分解の装置で，電源装置の＋極と－極を逆につなぐと，電極で起こる変化のようすも〔　　　　〕になる。

⑨ 塩化銅水溶液と塩化水素の電気分解では，塩素はいつも〔　　　　〕極から発生する。

⑩ 塩化銅水溶液中には，塩素原子が〔　　　　〕の電気を帯びた粒子があり，電流が流れると陽極に引かれて塩素原子になる。

⑪ 塩化銅水溶液中には，銅原子が〔　　　　〕の電気を帯びた粒子があり，電流が流れると陰極に引かれて銅原子になる。

ポイント

電流が流れる水溶液と流れない水溶液

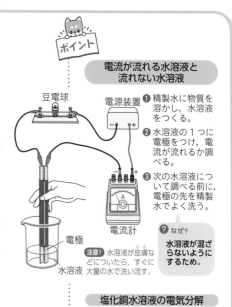

❶ 精製水に物質を溶かし，水溶液をつくる。

❷ 水溶液の1つに電極をつけ，電流が流れるか調べる。

❸ 次の水溶液について調べる前に，電極の先を精製水でよく洗う。

豆電球

電源装置

電流計

電極

水溶液

注意! 水溶液が皮膚などについたら，すぐに大量の水で洗い流す。

なぜ? 水溶液が混ざらないようにするため。

塩化銅水溶液の電気分解

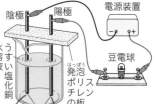

陰極　陽極　電源装置

うすい水溶液塩化銅

発泡ポリスチレンの板

豆電球

電極（炭素棒）

薬品さじ

ろ紙

陰極に付着した赤色の物質

陽極付近の液

赤インクで着色した水

塩酸の電気分解

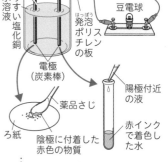

ゴム栓

うすい塩酸

陰極　陽極

電源装置

マッチ

赤インクで着色したろ紙

陰極側　陽極側　陰極側　陽極側

チェックの解答 ①電解質　②非電解質　③銅，塩素　④Cl_2　⑤塩化水素　⑥水素，塩素　⑦H_2　⑧逆　⑨陽　⑩－　⑪＋

1 図のような装置を使って，塩化銅水溶液に電流を流した。次の問いに答えなさい。

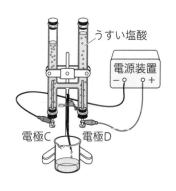

(1) 物質には，水に溶かしたとき，塩化銅のように電流が流れる電解質と，電流が流れない非電解質がある。電解質と非電解質の水溶液を，次のア～エからそれぞれすべて選びなさい。

　ア　エタノール水溶液　　イ　果物の汁
　ウ　砂糖水　　　　　　　エ　水酸化ナトリウム水溶液

　　　　　　　　電解質 [　　　　　　] 　非電解質 [　　　　　　]

(2) 電極Aからは，刺激臭のある気体が発生した。この気体の物質名と化学式をそれぞれ答えなさい。

　　　　　　　　物質名 [　　　　　　] 　化学式 [　　　　　　]

(3) 電極Bには，赤色の物質が付着した。この物質の物質名と化学式をそれぞれ答えなさい。

　　　　　　　　　　物質名 [　　　　　　] 　化学式 [　　　　　　]

(4) 電源の－極を電極A，＋極を電極Bにつなぎ変えた。(3)で付着した赤色の物質は，電極Aと電極Bのどちらに付着するか。

 電極を逆につなぎ変えると，電極で起こる変化のようすも逆になるよ。

　　　　　　　　　　　　　　　　[　　　　　　]

2 図のような装置を使って，うすい塩酸に電流を流した。次の問いに答えなさい。

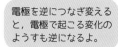

(1) うすい塩酸は，どんな物質を水に溶かした水溶液か。

　　　　　　　　　　　　　　　[　　　　　　]

(2) 電極Cから発生した①気体に，②火のついたマッチを近づけると気体が音を立てて燃えた。①，②について答えなさい。

　① この気体は何か。

　　　　　　　　　　　　　　[　　　　　　]

　② この気体が燃えてできた物質は何か。

　　　　　　　　　　　　　　　　　[　　　　　　]

(3) 電極Dから発生した気体に，赤インクで着色したろ紙を入れると，色が消えた。発生した気体は，何か。

　　　　　　　　　　　　　　　　　　[　　　　　　]

(4) 塩酸の電気分解の化学反応式を答えなさい。

　　　　[　　　　　　]

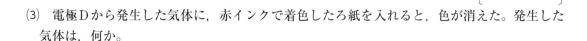
うすい塩酸を電気分解すると，陰極側に集まった気体に比べ，陽極側に集まった気体の体積は少なかった。その理由を，気体の性質をもとに簡単に説明しなさい。

[

❻ 原子とイオン

✎ チェック

空欄をうめて，要点のまとめを完成させましょう。

【原子の構造】

① 原子は，＋の電気をもつ［　　　　　　　　］と，−の電気をもつ
　［　　　　　　　　］でできている。

② 原子核は，原子の中心に1個あり，＋の電子をもつ［　　　　　　］と，
　電気をもたない［　　　　　　　］からできている。

③ 陽子があるので，原子核は［　　　］の電気をもつ。

④ 原子の中では，陽子の数と電子の数が等しいので，原子全体で電
　気を帯びていない。この状態を，電気的に［　　　　　　］であるという。

⑤ 同じ元素でも，中性子の数が異なる原子どうしを互いに
　［　　　　　　］という。

【イオン】

⑥ 原子が電気を帯びたものを［　　　　　　　　］という。

⑦ 原子が電子を失って＋の電気を帯びたものを［　　　］
　イオンといい，原子が電子を受け取って−の電気を帯
　びたものを［　　　］イオンという。

⑧ いろいろなイオンとその化学式

　水素イオン：H^+　　銅イオン：［　　　　　　］

　［　　　　　　　］イオン：Cl^-　　硫酸イオン：SO_4^{2-}

【電離】

⑨ 電解質が水に溶け，陽イオンと陰イオンに分かれることを，
　［　　　　　　］という。

⑩ いろいろな電解質の電離を表す式

　　塩化ナトリウム：$NaCl \longrightarrow Na^+ +$［　　　　　　］

　　硫酸銅：$CuSO_4 \longrightarrow$［　　　　　　］$+ SO_4^{2-}$

⑪ 電解質の水溶液に電流が流れるのは，水溶液中の電解質が電離
　してできた［　　　　　　　］が存在するためである。

ポイント

ヘリウム原子の構造

陽子
中性子
電子
原子核

➕ 陽　子 ＋の電気をもつ。

⬤ 中性子 電気をもたない。

➖ 電　子 −の電気をもつ。

イオンを表す化学式

（陽イオン）　　　　　　（陰イオン）

〈ナトリウムイオン〉　　〈塩化物イオン〉

失った電子1個　　　　受け取った電子1個

(1は省略)　　　　　　(1は省略)

Na^+　　　　　　Cl^-

電解質と非電解質が水に溶けているようす

電解質

塩化ナトリウム（食塩）
ナトリウムイオン
塩化物イオン
水に溶けて電離
している。
電流が流れる。

非電解質

砂糖
砂糖の分子
水に溶けても
電離しない。
電流は流れない。

チェックの解答 ①原子核，電子　②陽子，中性子　③＋　④中性　⑤同位体　⑥イオン　⑦陽，陰　⑧Cu^{2+}，塩化物　⑨電離　⑩Cl^-，Cu^{2+}　⑪イオン

解答 ➡ 別冊 p.4

1 図は，ヘリウム原子の構造を表したものである。次の問いに答えなさい。

(1) A，Bの名称と，＋と－のどちらの電気をもつか，それぞれ答えなさい。

A：名称［　　　　］　電気［　　　］

B：名称［　　　　］　電気［　　　］

(2) Aと中性子からなる原子の中心を何というか。

［　　　　　　］

(3) (2)の原子の中心は，＋と－のどちらの電気をもつか。

［　　　　　　］

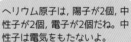

ヘリウム原子は，陽子が2個，中性子が2個，電子が2個だね。中性子は電気をもたないよ。

(4) 図のヘリウム原子は，電気を帯びているか，いないか。

［　　　　　　］

2 次の表は，いろいろなイオンをまとめたものである。表の①〜⑧に当てはまるイオンの名称や化学式を，それぞれ答えなさい。

名称	化学式	名称	化学式
水素イオン	①	⑤	NH_4^+
カルシウムイオン	②	⑥	OH^-
③	Ag^+	硝酸イオン	⑦
亜鉛イオン	④	⑧	S^{2-}

3 次のことばの式をもとに，電解質の電離を表す式を完成させなさい。

(1) 塩化水素 ⟶ 水素イオン ＋ 塩化物イオン

　HCl ⟶ ［　　　　　　］ ＋ Cl^-

(2) 水酸化ナトリウム ⟶ ナトリウムイオン＋水酸化物イオン

　$NaOH$ ⟶ 　Na^+ 　＋［　　　　　　］

(3) 塩化銅 ⟶ 　銅イオン ＋ 塩化物イオン

　$CuCl_2$ ⟶ ［　　　　　　］ ＋ 　$2Cl^-$

(4) 硫酸 ⟶ 水素イオン ＋ 硫酸イオン

　H_2SO_4 ⟶ ［　　　　　　］ ＋ 　SO_4^{2-}

解答 ➡ 別冊 p.4

チャレンジ

電解質の水溶液に電流が流れる理由を，「電離」，「イオン」ということばを使って簡単に説明しなさい。

［　　　］

7 金属のイオンへのなりやすさ

チャート式シリーズ参考書 >>
第4章 1

✎ チェック

空欄をうめて, 要点のまとめを完成させましょう。

【イオンへのなりやすさ】

① 金属が電解質の水溶液中に溶けるとき, 水溶液中で金属の原子は [　　　　　] に変化している。

② 亜鉛が塩酸に溶けるとき, 亜鉛原子 (Zn) が電子を2個失って, 亜鉛イオン ([　　　　　]) になる。

③ 亜鉛が塩酸に溶けるとき, 水素イオン (H^+) が電子を受け取って水素原子 (H) となり, それが2個結びついて水素分子 ([　　　]) になる。

④ 金属のイオンへのなりやすさには違いがあり, 亜鉛と銅では, [　　　　　] のほうがイオンになりやすい。

⑤ マグネシウムと亜鉛では, [　　　　　　　　　] のほうがイオンになりやすい。

【水溶液中の金属板の化学変化】

⑥ マグネシウム板を硫酸亜鉛水溶液に入れると, マグネシウムは電子を [　] 個失いマグネシウムイオンになり, 水溶液中の亜鉛イオンは電子を [　] 個受け取って亜鉛原子になる。

⑦ マグネシウム板を硫酸銅水溶液に入れると, マグネシウムはマグネシウムイオンになり, 水溶液中の銅イオンは銅原子になるため, 硫酸銅水溶液の青色が [　　　　　] なる。

⑧ 亜鉛板を硫酸銅水溶液に入れると, 亜鉛は亜鉛イオンになり, 水溶液中の銅イオンは銅原子になるため, 水溶液中の銅イオンは [　　] る。

⑨ 硝酸銀水溶液に銅線を入れると, 銅は銅イオンになり, 水溶液中の銀イオンは銀原子になることから, 銀よりも銅のほうが [　　　　　] になりやすい。

⑩ 塩化銅水溶液に鉄板を入れると, 鉄が鉄イオンになり, 鉄板の表面に [　　] 色の銅が付着する。

⑪ Zn, Cu, Mg, Ag, Fe のうち, 最もイオンになりやすいのは, [　　　　　] である。

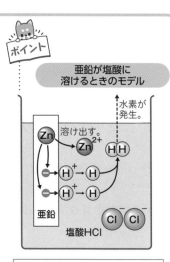

亜鉛が塩酸に溶けるときのモデル

水素が発生。
溶け出す。
亜鉛
塩酸HCl

亜鉛原子Znが電子を2個失って, 亜鉛イオンZn^{2+}となる。

$$Zn \longrightarrow Zn^{2+} + 2e^-$$

水素イオンH^+が電子を受け取って水素原子Hとなり, それが2個結びついて水素分子H_2となる。

$$2H^+ + 2e^- \longrightarrow H_2$$

イオンへのなりやすさ

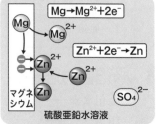

$Mg \rightarrow Mg^{2+} + 2e^-$
$Zn^{2+} + 2e^- \rightarrow Zn$
マグネシウム
硫酸亜鉛水溶液

イオンへのなりやすさ Mg > Zn

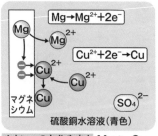

$Mg \rightarrow Mg^{2+} + 2e^-$
$Cu^{2+} + 2e^- \rightarrow Cu$
マグネシウム
硫酸銅水溶液 (青色)

イオンへのなりやすさ Mg > Cu

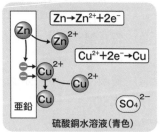

$Zn \rightarrow Zn^{2+} + 2e^-$
$Cu^{2+} + 2e^- \rightarrow Cu$
亜鉛
硫酸銅水溶液 (青色)

イオンへのなりやすさ Zn > Cu

チェックの解答 ①イオン ②Zn^{2+} ③H_2 ④亜鉛 ⑤マグネシウム ⑥2, 2 ⑦うすく ⑧減 ⑨イオン ⑩赤 ⑪Mg

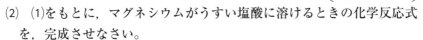
1 図は，マグネシウムにうすい塩酸を加えたところ，気体が発生したことを示している。次の問いに答えなさい。

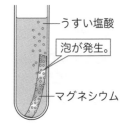

(1) 図で発生した気体を答えなさい。

$$\Big[\qquad\qquad \Big]$$

(2) (1)をもとに，マグネシウムがうすい塩酸に溶けるときの化学反応式を，完成させなさい。

$$Mg + 2HCl \longrightarrow MgCl_2 + \Big[\qquad \Big]$$

(3) うすい塩酸中では，塩化水素（HCl）を構成する水素と塩素は電離し，イオンの状態で存在している。このときの状態を表す式を，イオンの化学式を使って表しなさい。

$$HCl \longrightarrow \Big[\qquad + \qquad \Big]$$

(4) (1)の気体は，(3)のようにうすい塩酸中ではイオンなので，マグネシウム原子から電子を受け取り，原子から分子になる。このときの電子のやり取りのようすを式にしたものを下の①，②に示す。$\Big[\ \Big]$に当てはまる化学式や数を答えなさい。ただし，e^-は電子を表している。

① マグネシウムのようす

$$Mg \longrightarrow \Big[\qquad \Big] + \Big[\quad \Big] e^-$$

② (1)の気体のようす

$$2 \Big[\qquad \Big] + 2e^- \longrightarrow \Big[\qquad \Big]$$

水素イオンは，電子を1個失ってできたものだよ。水素イオンが水素分子になるには，2個の電子が必要だね。

2 図のように，硝酸銀水溶液に銅線を入れ，その変化を調べる実験を行った。次の問いに答えなさい。

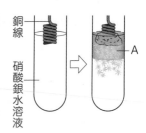

(1) 銅線のまわりに現れたAの結晶の物質名と化学式を答えなさい。

物質名$\Big[\qquad \Big]$　化学式$\Big[\qquad \Big]$

(2) 反応が進むと，Aが現れるとともに，無色透明だった水溶液の色が変化した。水溶液は何色に変化したか。

$$\Big[\qquad\qquad \Big]$$

(3) (2)のように水溶液の色が変化したのは，硝酸銀水溶液中には存在しなかったイオンが存在するようになったからである。そのイオンの名称を答えなさい。

$$\Big[\qquad\qquad \Big]$$

(4) (3)のイオンは，原子が電子を何個失うことで生じるか。

$$\Big[\qquad\qquad \Big]$$

(5) この実験から，イオンへなりやすいのは，銀と銅のどちらと考えられるか。

$$\Big[\qquad\qquad \Big]$$

硫酸銅水溶液に亜鉛を入れると，青色だった水溶液の色がうすくなった。色がうすくなる理由を，銅と亜鉛のイオンへのなりやすさを比較しながら，簡単に説明しなさい。

$$\Big[\qquad\qquad\qquad\qquad\qquad\qquad\qquad\qquad \Big]$$

8 電池のしくみ

チェック

空欄をうめて，要点のまとめを完成させましょう。

【ダニエル電池】

① 電解質の水溶液に［　］種類の金属板を入れて導線でつなぐと，それぞれの金属板で化学変化が起こり，電流（［　　　　］エネルギー）を取り出すことができる。

② 化学変化を利用して，物質がもっている［　　　　］エネルギーを電気エネルギーに変える装置を電池（［　　　　］電池）という。

③ 亜鉛板を硫酸亜鉛水溶液に入れたものと，銅板を硫酸銅水溶液に入れたものを，セロハンや素焼きなどで仕切った電池を［　　　　　　　］電池という。

④ 電池の－極では［　　　　］を放出する反応が起こり，＋極では［　　　　］を受け取る反応が起こる。

⑤ 亜鉛と銅では，［　　　　］のほうがイオンになりやすいので，硫酸亜鉛水溶液中の亜鉛板では電子を放出する反応が起こるから，亜鉛板が［　　］極になる。

⑥ 亜鉛板に残された［　　　　］は導線を通って，銅板に向かって移動し，電流が流れる。

⑦ 硫酸銅水溶液中の銅イオンは，亜鉛板から移動してきた電子を受け取り，銅［　　　　］となって銅板に付着する。銅板が［　　］極になる。

⑧ 電極に2種類の金属を使った電池では，イオンになりやすいほうの金属が［　　］極になり，イオンになりにくいほうの金属が［　　］極になる。

【身のまわりの電池】

⑨ 使うと電圧が低下し，もとにもどらない電池を［　　　　］電池，充電することでくり返し使える電池を［　　　　］電池（または蓄電池）という。

⑩ 水の電気分解とは逆の反応を利用して，［　　　　］がもつ化学エネルギーを電気エネルギーとして取り出す装置を［　　　　］電池という。

ポイント

ダニエル電池のモデル

電流の向き
電子の移動の向き
－極（亜鉛板）　導線　モーター　電流の向き
電子の移動の向き　＋極（銅板）
セロハンや素焼きの仕切り

SO_4^{2-}　Cu^{2+}
Zn^{2+}
Zn　Zn^{2+}　SO_4^{2-}　Cu
硫酸亜鉛水溶液　硫酸銅水溶液

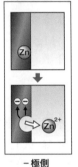

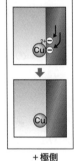

－極側　　　＋極側

（－極の反応）
$Zn \longrightarrow Zn^{2+} + 2e^-$
亜鉛原子は電子を2個失い，亜鉛イオンになる。

（＋極の反応）
$Cu^{2+} + 2e^- \longrightarrow Cu$
銅イオンは電子を2個受け取り，銅原子になる。

燃料電池のしくみ

電気分解
電気エネルギー

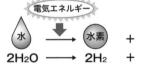

水　水素　＋　酸素
$2H_2O \longrightarrow 2H_2 + O_2$

燃料電池
電気エネルギー

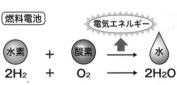

水素　＋　酸素　水
$2H_2 + O_2 \longrightarrow 2H_2O$

チェックの解答 ①2，電気　②化学，化学　③ダニエル　④電子，電子　⑤亜鉛，－　⑥電子　⑦原子，＋　⑧－，＋　⑨一次，二次　⑩水素，燃料

1 図は, ダニエル電池を使って電子オルゴールを鳴らして
いるようすを表したものである。次の問いに答えなさい。

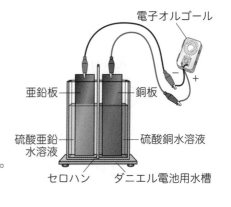

(1) 硫酸亜鉛水溶液と硫酸銅水溶液中には, SO_4^{2-} がとも
に存在する。このイオンの名称を答えなさい。

[　　　　　　　　　　　　　　]

(2) セロハンの仕切りの役割を, 次のア～エから選びな
さい。

　ア　2つの水溶液中のイオンが混ざらないようにする。

　イ　2つの水溶液中のイオンが自由に移動できるよう
　　　にする。

　ウ　2つの水溶液中に電流が流れないようにする。

　エ　原子をイオンにしやすくする。　　　　　　　　　　　　　　　[　　　]

(3) 電子オルゴールの＋と－を逆につなぐと, オルゴールは鳴らなかった。このことから, 電
子が電子オルゴールに移動してくるのは, 亜鉛板と銅板のどちらからだと考えられるか。

[　　　　　　　　]

(4) 電子オルゴールを鳴らし続けると, 亜鉛板と銅板に変化が見られた。変化のようすを, 次
のア～エからそれぞれすべて選びなさい。

　ア　金属板が溶け出し, 表面がぼろぼろになった。　　イ　金属板にさらに金属が付着した。

　ウ　水溶液の色が濃くなった。　　　　　　　　　　　　エ　水溶液の色がうすくなった。

亜鉛板[　　　　　]　銅板[　　　　　]

(5) この電池で, 電子を失ってイオンになったのは, 亜
鉛と銅のどちらか。

[　　　　　　　]

(6) (5)のとき, －極の金属板で起こる反応を表す式の
[　]に当てはまる化学式を答えなさい。

[　　　　　] ⟶ [　　　　　] ＋2e⁻

> 化学電池では, 電子を失
> って, イオンになりやす
> い金属板が, －極になる
> よ。ZnとCuのどちらが
> イオンになりやすいか
> な?

2 身のまわりの電池について, 次の問いに答えなさい。

(1) リチウムイオン電池のように, 充電により, くり返し使える電池を何というか。

[　　　　　　　　　　　　]

(2) 電池には, (1)のようにくり返し使える電池と, 使うと電圧が低下してもとにもどらない電
池がある。これらの電池は, ともに何エネルギーを電気エネルギーに変えているか。

[　　　　　　　　　　　　]

　水の電気分解の逆の化学変化を利用した燃料電池は, 環境に対する悪影響が少ないと考えら
れている。その理由を, 簡単に説明しなさい。

[

　　　　　　　　　　　　　　　　　　　　　　　　　　　　　　　　　　　　　　]

❾ 酸・アルカリ

🖋 チェック

空欄をうめて，要点のまとめを完成させましょう。

【酸性・アルカリ性の水溶液の性質】

① 酸性の水溶液の性質

・青色リトマス紙を[　　]色に変える。

・緑色のBTB溶液を[　　]色に変える。

・マグネシウム，亜鉛，鉄，アルミニウムなどの金属を溶かし，気体の[　　　]を発生させる。

・電流が流れる（電解質の水溶液である）。

② アルカリ性の水溶液の性質

・赤色リトマス紙を[　　]色に変える。

・緑色のBTB溶液を[　　]色に変える。

・フェノールフタレイン溶液を[　　]色に変える。

・電流が流れる（電解質の水溶液である）。

③ 中性の水溶液の性質

・赤色・青色リトマス紙のどちらの色も変え[　　　　]。

・緑色のBTB溶液の色を変え[　　　　]。

④ 中性の水溶液のうち，[　　　　　]の水溶液である塩化ナトリウム水溶液（食塩水）は電流が流れるが，[　　　　　]の水溶液である砂糖水は電流が流れない。

【酸性・アルカリ性の正体とイオン】

⑤ 水溶液にしたとき，電離して[　　　]イオン（H^+）を生じる物質を[　　　]という。

（例）$HCl \longrightarrow H^+ + Cl^-$

⑥ 水溶液にしたとき，電離して[　　　　　]イオン（OH^-）を生じる物質を[　　　　　]という。

（例）$NaOH \longrightarrow Na^+ + OH^-$

⑦ リトマス紙やBTB溶液のように，色の変化によって，酸性・中性・アルカリ性を調べることができる薬品を[　　　　]薬という。

⑧ 酸性やアルカリ性の強さは，pHという数値で表される。pHの値が7は中性で，7より小さいほど[　　　　　]性が強く，7より大きいほど[　　　　　]性が強い。

ポイント

水溶液の性質の調べ方

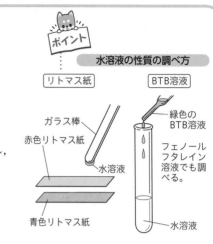

リトマス紙 / BTB溶液
ガラス棒
赤色リトマス紙
水溶液
青色リトマス紙
緑色のBTB溶液
フェノールフタレイン溶液でも調べる。
水溶液

マグネシウムとの反応

発生した気体に火を近づけてみる。
マグネシウムリボン

電流が流れるか

豆電球
電源装置
電極
水溶液
電流計

解答 ➡ 別冊p.5

1 図のように，緑色のBTB溶液とフェノールフタレイン溶液を指示薬として，水溶液の性質を調べる。次の問いに答えなさい。

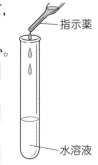

指示薬

水溶液

(1) 緑色のBTB溶液は，酸性，中性，アルカリ性のどの性質を示しているか。

[   ]

(2) 硫酸（りゅうさん）の性質を指示薬で調べた。次の①，②に答えなさい。

① 緑色のBTB溶液の色は，何色になるか。 [   ]

② 無色のフェノールフタレイン溶液は，何色になるか。

[   ]

(3) 水酸化バリウム水溶液の性質を指示薬で調べた。次の①，②に答えなさい。

① 緑色のBTB溶液の色は，何色になるか。 [   ]

② 無色のフェノールフタレイン溶液は，何色になるか。 [   ]

(4) 食塩水の性質を指示薬で調べた。次の①，②に答えなさい。

① 緑色のBTB溶液の色は，何色になるか。 [   ]

② 無色のフェノールフタレイン溶液は，何色になるか。 [   ]

(5) 硫酸，水酸化バリウム水溶液，食塩水のうち，アルカリ性の水溶液はどれか。

[   ]

> アルカリ性の水溶液は，無色のフェノールフタレイン溶液の色を変えるよ。

2 図は，水酸化ナトリウム水溶液のアルカリ性の性質を示すものが，何であるかを調べる実験装置である。次の問いに答えなさい。

ろ紙　スライドガラス　青色リトマス紙
電源装置の－極へ　　　　　　　　　　電源装置の＋極へ
陰極（いんきょく）　　　　　　　　　　　　　陽極
赤色リトマス紙
硝酸カリウム水溶液で湿らせておく。
水酸化ナトリウム水溶液をしみこませた糸

(1) ろ紙やリトマス紙を硝酸（しょうさん）カリウム水溶液で湿らせておく理由を，次のア～エから選びなさい。

ア 乾燥（かんそう）させないため

イ 温度を上げるため

ウ 電気抵抗（ていこう）を小さくするため　　エ 電流を通しやすくするため [   ]

(2) 電圧を加えると色が変化したのは，青色リトマス紙と赤色リトマス紙のどちらか。

[   ]

(3) リトマス紙の色が変化した部分は，陽極側へ移動していた。リトマス紙の色を変えるものは，＋の電気と－の電気のどちらを帯びているか。 [   ]

(4) (2)，(3)の性質を示す，水酸化ナトリウム水溶液中に含まれるイオンを，化学式で答えなさい。 [   ]

チャレンジ　解答 ➡ 別冊p.6

塩酸は酸性である。その理由を，電離を表す式を示すとともに，そこに含まれるイオンが何であるかをもとに，簡単に説明しなさい。

電離を表す式 [　　　──→　　　＋　　　]　説明 [   ]

23

❿ 中和と塩

✋ チェック

空欄をうめて，要点のまとめを完成させましょう。

【酸とアルカリを混ぜたときの変化】

① 酸の水溶液とアルカリの水溶液を混ぜ合わせることにより，互いの性質を打ち消しあうことを [   ] という。

② 酸の [   ] イオンとアルカリの

[   ] イオンが結びついて，[   ] ができる。

$$H^+ + OH^- \longrightarrow H_2O$$

③ 酸の水溶液とアルカリの水溶液を混ぜて水溶液が中性になったとき，酸の陰イオンとアルカリの陽イオンが結びついてできた物質を [   ] という。

④ 塩酸と水酸化ナトリウム水溶液の中和では，Cl^- と Na^+ が結びついてできた塩化ナトリウムが結晶として出てくる。

$$HCl + NaOH \longrightarrow [\qquad\qquad] + H_2O$$

⑤ 酸の水溶液にアルカリの水溶液を加えていくと，中和が起こる。まだ [   ] イオンが残っていると，水溶液は酸性を示す。完全に中和が起こり，水素イオンも水酸化物イオンもなくなると，[   ] 性になる。さらにアルカリの水溶液を加えると，[   ] イオンによってアルカリ性になるが，水素イオンがないので中和は起こらない。

【いろいろな塩】

⑥ 水に溶けやすい塩

・HNO_3 + KOH ⟶ [   ] + H_2O
　硝酸　　水酸化カリウム　　硝酸カリウム　　水

・$2HCl$ + $Ca(OH)_2$ ⟶ [   ] + $2H_2O$
　塩酸　　水酸化カルシウム　　塩化カルシウム　　水

⑦ 水に溶けにくい塩

・H_2SO_4 + $Ba(OH)_2$ ⟶ [   ] + $2H_2O$
　硫酸　　水酸化バリウム　　硫酸バリウム　　水

・H_2CO_3 + $Ca(OH)_2$ ⟶ [   ] + $2H_2O$
　炭酸　　水酸化カルシウム　　炭酸カルシウム　　水

⑧ 酸とアルカリの中和でできた塩の硫酸バリウムと炭酸カルシウムは，水溶液中に [   ] く沈殿する。

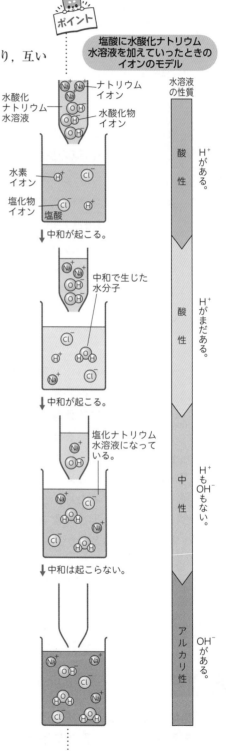

塩酸に水酸化ナトリウム水溶液を加えていったときのイオンのモデル

水酸化ナトリウム水溶液　ナトリウムイオン　水酸化物イオン

水素イオン　塩化物イオン　塩酸

↓中和が起こる。

中和で生じた水分子

↓中和が起こる。

塩化ナトリウム水溶液になっている。

↓中和は起こらない。

水溶液の性質

酸性：H^+ がある。

酸性：H^+ がまだある。

中性：H^+ も OH^- もない。

アルカリ性：OH^- がある。

チェックの解答 ①中和 ②水素，水酸化物，水 ③塩 ④NaCl ⑤水素，中，水酸化物 ⑥KNO_3，$CaCl_2$
⑦$BaSO_4$，$CaCO_3$ ⑧白

1 図のように，①，②，③の順に操作をしていき，水溶液を中性にする実験を行った。あとの問いに答えなさい。

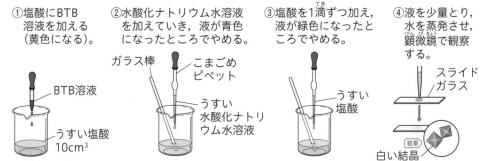

①塩酸にBTB溶液を加える（黄色になる）。

②水酸化ナトリウム水溶液を加えていき，液が青色になったところでやめる。

③塩酸を1滴ずつ加え，液が緑色になったところでやめる。

④液を少量とり，水を蒸発させ，顕微鏡で観察する。

(1) BTB溶液の色が次のとき，水溶液の性質を答えなさい。

　　　　黄色 [　　　　　　] 青色 [　　　　　　] 緑色 [　　　　　　]

(2) BTB溶液の色が次のとき，水溶液中にあるのは，水素イオンと水酸化物イオンのどちらか。どちらもない場合は，「ない」と答えなさい。

　　　　黄色 [　　　　　　] 青色 [　　　　　　] 緑色 [　　　　　　]

(3) 中和が起こることで塩ができているものを，図の①～③からすべて選びなさい。

　　　　　　　　　　　　　　　　　　　　　　　　　　　　 [　　　　　　]

(4) 図の④で観察された白い結晶は何か。化学式で答えなさい。

　　　　　　　　　　　　　　　　　　　　　　　　　　　　 [　　　　　　]

(5) この実験で起こった反応で，(4)の物質以外に中和によってできる物質を答えなさい。

　　　　　　　　　　　　　 [　　　　　　]

この実験の中和により，H^+とOH^-からできる物質は何かな？

2 次の化学反応式は，炭酸水と水酸化カルシウム水溶液の中和を表している。あとの問いに答えなさい。

$$H_2CO_3 \quad + \quad Ca(OH)_2 \quad \longrightarrow \quad CaCO_3 \quad + \quad 2H_2O$$
炭酸　　　　水酸化カルシウム　　　炭酸カルシウム　　　　水

(1) 炭酸水に溶けている気体は何か。　　　　　　　　　　 [　　　　　　]

(2) 上の化学反応式のうち，①アルカリと②塩を化学式で答えなさい。

　　　　　　　　　　　　　　① [　　　　] ② [　　　　]

(3) (2)②で答えた塩は，水に溶けるか。

　　　　　　　　　　　　　　　　　　　　　　　 [　　　　　　]

うすい塩酸にマグネシウムを入れると水素が発生するが，そこに水酸化ナトリウム水溶液を加えていくと，やがて水素が発生しなくなる。その理由を，水溶液中のイオンの量の変化をもとに，簡単に説明しなさい。

[　　　　　　　　　　　　　　　　　　　　　　　　　　　　　　]

1 図の❶のような装置を組み立て，うすい塩酸の電気分解を行う。一方の電極に発生した気体が半分くらい集まったら，電源を切り，❷の操作を行った。次の問いに答えなさい。

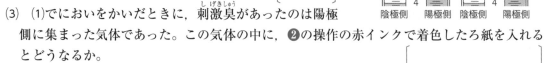

(1) ❷の操作をする前に，集まった気体のにおいを調べる。どのようにして，においをかぐか。

[　　　　　　　　　　　　　　　　　　　　　　　　]

(2) 陽極側に比べ陰極側は，多くの気体が集まった。陰極側のゴム栓をとり，❷の操作の気体にマッチの火を近づけたところ，気体が音を立てて燃えた。この気体は何か。

[　　　　　　　]

(3) (1)でにおいをかいだときに，刺激臭があったのは陽極側に集まった気体であった。この気体の中に，❷の操作の赤インクで着色したろ紙を入れるとどうなるか。

[　　　　　　　　　　　　　　　　　　　]

(4) (2)，(3)の結果をもとに，塩酸の電気分解の化学反応式の[　]に当てはまる数や化学式を答えなさい。

[　]HCl ⟶ [　　　] + [　　　]

(5) 陰極側と陽極側で発生する気体の量は，実際は同じである。陽極側に発生した気体が少ししか集められない理由を，次のア〜エから選びなさい。

ア　空気中で分解しやすいから。　　　イ　分子から原子になり体積が小さくなったから。
ウ　水に溶けやすいから。　　　　　　エ　気体から固体になり沈殿したから。　　　[　]

2 図のように，マグネシウム板，亜鉛板，銅板と，硫酸マグネシウム水溶液，硫酸亜鉛水溶液，硫酸銅水溶液を用意し，金属のイオンへのなりやすさを調べた。下の表は，その結果である。あとの問いに答えなさい。

	マグネシウム板	亜鉛板	銅板
硫酸マグネシウム水溶液	変化なし。	変化なし。	変化なし。
硫酸亜鉛水溶液	ア	変化なし。	変化なし。
硫酸銅水溶液	イ	ウ	変化なし。

(1) 水溶液のうち，硫酸銅水溶液は青色をしていた。どのようなイオンが水溶液中にあるからか。イオンの名称と化学式を答えなさい。

名称[　　　　　　　　　　　]　化学式[　　　　　　　　]

(2) 表のア〜ウについて，次の①，②に答えなさい。

① 表のアでは，金属板がうすくなり，灰色の物質が付着した。付着した物質は何か。

[　　　　　　　　　　　　]

② 表のイ，ウではともに，金属板がうすくなり，赤色の物質が付着した。硫酸銅水溶液の青色がうすくなった。付着した物質はそれぞれ何か。

イ[　　　　　　　　　　] ウ[　　　　　　　　　　]

(3) 表の結果をもとに，マグネシウム，亜鉛，銅を，イオンになりやすい順に，左から並べなさい。　　　[　　　　　　> 　　　　　　> 　　　　　　]

3 図は,ダニエル電池のしくみを模式的に表したものである。次の問いに答えなさい。

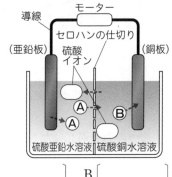

(1) 原子は,陽子と中性子,電子からなる。これらのうち,＋の電気をもっているのは,どれか。〔　　　〕

(2) 原子は,電子を失ったり,受け取ったりするとイオンになる。このことについて,次の①～③に答えなさい。

① 図中の硫酸イオンと,A,Bのそれぞれのイオンの化学式を答えなさい。

硫酸イオン〔　　　　〕　A〔　　　　〕　B〔　　　　〕

② 図中のAのイオンが水溶液中に溶け出すときに,何個の電子を失うか。

〔　　　　〕

③ 図中のBのイオンが原子になるには,何個の電子が必要か。

〔　　　　〕

(3) モーターが回るためには,電子が導線中を移動する必要がある。この電池では,電子は,導線を亜鉛板と銅板のどちらからどちらへ移動するか。

電子は,導線を〔　　　　〕から〔　　　　〕へ移動する。

(4) この電池で,＋極になっているのは,亜鉛板と銅板のどちらか。

〔　　　　〕

4 図のように,うすい塩酸に,うすい水酸化ナトリウム水溶液を加えていった。次の問いに答えなさい。

(1) 塩酸中の①塩化水素と,水酸化ナトリウム水溶液中の②水酸化ナトリウムの電離のようすを表す式の〔　〕に当てはまる化学式をそれぞれ答えなさい。

① 塩化水素の電離

〔　　　　〕⟶ H⁺ +〔　　　　〕

② 水酸化ナトリウムの電離

〔　　　　〕⟶ Na⁺ +〔　　　　〕

(2) うすい塩酸にBTB溶液を加えると,黄色に変化した。これは,うすい塩酸中に何があるからか。

〔　　　　〕

(3) うすい塩酸に水酸化ナトリウム水溶液を加えていくと,中和が起こり水溶液中に塩ができた。この塩の化学式を答えなさい。

〔　　　　〕

(4) (3)の塩の結晶を取り出す方法を簡単に書きなさい。

〔　　　　〕

(5) さらに水酸化ナトリウム水溶液を加えていくと,BTB溶液の色が青色になった。このときの水溶液を,イオンのモデルで表したものを,右のア～エから選びなさい。〔　　〕

ア　　　イ　　　ウ　　　エ

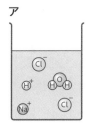 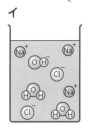 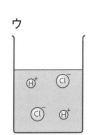 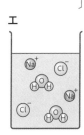

⓫力の合成と分解

チェック

空欄をうめて，要点のまとめを完成させましょう。

【力の合成】

① 2つの力と同じはたらきをする1つの力を求めることを力の［　　　　］といい，それによってできた力を［　　　　］という。

② 一直線上で同じ向きにはたらく2力を合成すると，合力の大きさは2力の大きさの［　　　］になり，合力の向きは2力と［　　　　］向きになる。

③ 一直線上で反対向きにはたらく2力を合成すると，合力の大きさは2力の大きさの［　　　］になり，合力の向きは［　　　　］いほうの力と同じ向きになる。

④ 一直線上で反対向きにはたらく2力で，2力がつりあっているときは，合力は［　　　］になる。

⑤ 角度をもってはたらく2力の合力は，その2力を表す矢印を2辺とする平行四辺形の［　　　　　］で表される。これを力の［　　　　　　　］の法則という。

⑥ 合力の大きさが変わらないとき，2力の角度を大きくすると，2力も［　　　　］くなる。2力の大きさを変えずに角度を大きくすると，合力は［　　　　］くなる。

【力の分解】

⑦ 1つの力を，これと同じはたらきをする複数の力に分けることを力の［　　　　］といい，それによってできた力を［　　　　］という。

⑧ 力を分解するときは，2力を合成するときとは逆に，もとの力の矢印を対角線とする平行四辺形を作図すると，その平行四辺形の［　　　　］あう2辺が分力になる。

⑨ 3力がつりあっているとき，2力の［　　　　　］と残りの力はつりあっている。また，物体に3力がはたらいていても静止しているときは，その3力はつりあっていて，3力の合力は［　　　］である。

一直線上ではたらく2力の合成

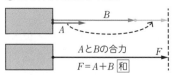

ⓐ 同じ向きにはたらく2力

A と B の合力
$F = A + B$ 和

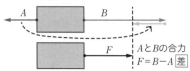

ⓑ 反対向きにはたらく2力

A と B の合力
$F = B - A$ 差

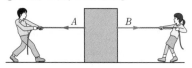

ⓒ 2力がつりあっているとき

A と B の合力
$F = B - A = 0$

角度をもってはたらく2力の合力

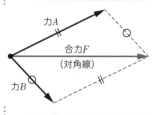

力A

合力F（対角線）

力B

力の分解の例

ⓐ　F　分力　分力　分力

ⓑ　F　1つの分力　残りの分力

1 図1～3は，一直線上で物体にはたらく2力を表している。AとBの矢印の向きは力の向き，矢印の長さは力の大きさを表している。あとの問いに答えなさい。

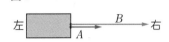

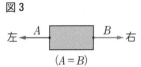

図1　　　　　　　　　　　　　　図2　　　　　　　　　　　　　　図3

左 ←A [物体] B → 右　　　左 [物体] B → 右　　　左 ←A [物体] B → 右
　　　　　　　　　　　　　　　　　　　A→　　　　　　　　　　　　　　　$(A = B)$

(1) 図1～3の合力Fの大きさをAとBで表した式として，当てはまるものを次のア～エからそれぞれ選びなさい。

ア　$F = A + B$　　　　　　　イ　$F = A - B > 0$
ウ　$F = B - A > 0$　　　　　　エ　$F = B - A = 0$

図1 [　] 図2 [　] 図3 [　]

(2) 図1～3で，力AとBにより，物体はどの方向に動くか。当てはまるものを次のア～ウからそれぞれ選びなさい。

ア　右へ動く。　　　　イ　左へ動く。
ウ　力がつりあっているので，動かない。

図1 [　] 図2 [　] 図3 [　]

物体は，力の合力の正の方向に動くよ。力の矢印の方向と，大きさに注目しよう。

2 図1，2で，点Oに力Aと力Bがはたらいている。次の問いに答えなさい。ただし，図の方眼の1目盛りは，**0.3N**とする。

(1) 図1で，力Aと力Bの合力Fを，矢印で表しなさい。

(2) 図1で，合力Fの大きさは，何Nか。

[　　　　　　　　]

(3) 図2で，合力Fの分力Bを，分力Aをもとに，矢印で表しなさい。

(4) 図2で，分力Bの大きさは，何Nか。

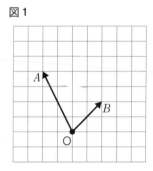

図1

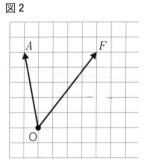

図2

[　　　　　　　　]

図のように，2人で物体を持ち上げたとき，物体は静止している。このとき，図中の力A，力B，合力F，重力Wのうちのどの力どうしがつりあっているから，物体は下に落ちないのか，その理由を，式で表すとともに，簡単に説明しなさい。

式 [　　　　　　　　　　　　　　　　　　　　　　]

理由 [　　　　　　　　　　　　　　　　　　　　　]

合力F
力B
力A
重力W
物体は静止している。

12 水中の物体にはたらく力

チャート式シリーズ参考書 >> 第6章 2

チェック

空欄をうめて，要点のまとめを完成させましょう。

【水圧】

① 水にはたらく重力によって生じる圧力を〔　　　　　〕という。

② 水圧はあらゆる〔　　　　　〕からはたらく。

③ 水が深くなればなるほど，上にある水の量が多くなり，水の重さが大きくなるため，水圧は〔　　　　　〕くなる。

【浮力】

④ 水中の物体にはたらく上向きの力を〔　　　　　〕という。

⑤ 浮力の大きさは，物体の水中にある部分の〔　　　　　〕が大きいほど，大きい。

⑥ 物体の全体が水中にあるとき，浮力の大きさは深さによって〔　　　　　　　　　〕。

【水圧と浮力の関係】

⑦ 水圧によって生じる力は，力＝水圧×〔　　　　　〕で表せる。

⑧ 水圧の大きさは，水面からの深さが同じであれば〔　　　　　〕い。

⑨ 同じ深さで水平方向(物体の側面)にはたらく力は，大きさが同じで向きが反対なので，〔　　　　　　　　　〕いる。

⑩ 水圧の大きさは，水面から深くなるほど大きくなるので，物体の上面より下面にはたらく水圧のほうが〔　　　　　〕く，水圧によって生じる力も〔　　　〕面のほうが大きい。

【浮力と物体の浮き沈み】

⑪ 浮力よりも重力のほうが大きいとき，2力の合力は〔　　　〕向きになるので，物体は水に〔　　　　　〕でいく。

⑫ 重力よりも浮力のほうが大きいとき，2力の合力は〔　　　〕向きになるので，物体は〔　　　　　〕でいく。

⑬ 物体が水面に浮いて止まっているとき，重力と浮力は〔　　　　　　　〕いる。

水の深さと水圧のはたらき方

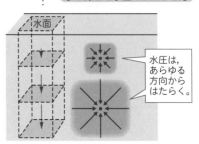

水圧は，あらゆる方向からはたらく。

断面積が同じ水の柱を考えると，水の柱は深くなるほど長くなり，重くなる。

⇩

深くなるほど柱の底面にはたらく力が大きくなり，水圧が大きくなる。

物体にはたらく水圧と浮力

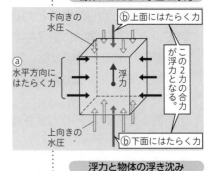

下向きの水圧　ⓑ上面にはたらく力
ⓐ 水平方向にはたらく力
この2力の合力が浮力となる。
浮力
上向きの水圧　ⓑ下面にはたらく力

浮力と物体の浮き沈み

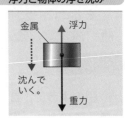

ⓐ 浮力＜重力
金属　浮力
沈んでいく。
重力

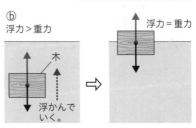

ⓑ 浮力＞重力
木
浮かんでいく。
⇨
浮力＝重力

解答 ➡ 別冊p.7

トライ

1 図のような装置を使って，水の深さとゴム膜のへこみ方の関係を調べる。次の問いに答えなさい。

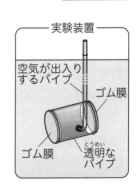

実験装置

空気が出入りするパイプ
ゴム膜
ゴム膜
透明なパイプ

(1) 水中にある物体が受ける圧力を，何というか。

〔　　　　　　　〕

(2) (1)の圧力は，水にはたらくどんな力によるものか。

〔　　　　　　　〕

(3) 装置をゴム膜が水面に対して垂直になるように水中に沈める。このとき，深さが浅い順に，次のア～ウを並べなさい。

ア
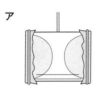
イ
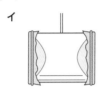
ウ
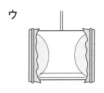

〔　　　＜　　　＜　　　〕

(4) 右の図のように，ゴム膜が水平になるように装置を水中に沈めると，ゴムのへこみ方が大きいのは，上の膜と下の膜のどちらか。

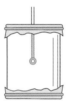

水の深さが深くなるほど，上にある水の量が多くなるから，ゴム膜にはたらく圧力は大きくなるよ。

〔　　　　　　　〕

2 図のように，ばねばかりにつるしたおもりを水中に沈めていく。次の表は，その結果を示している。あとの問いに答えなさい。

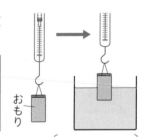

おもり

	空気中	半分までを水中に沈める	全体を浅く水中に沈める	全体を深く水中に沈める
ばねばかりの値〔N〕	0.80	0.70	0.60	0.60

(1) このおもりは，何Nか。

〔　　　　　　　〕

(2) 表から，おもりが水中にあるときと空気中にあるときでは，ばねばかりが示す値が変化する。水中の物体にはたらく，このような力を何というか。

〔　　　　　　　〕

(3) (2)の力は，重力と同じ向きか，反対向きか。

〔　　　　　　　〕

(4) おもりの全体を水中に沈めたとき，おもりが水中から受ける(2)の大きさは何Nか。

〔　　　　　　　〕

(5) 表の結果から，おもり全体を水中に沈めたとき，(2)の大きさと，水中での深さには関係があるといえるか。

〔　　　　　　　〕

チャレンジ

解答 ➡ 別冊p.7

ある物体を水中に沈めたが，物体は水面に浮いて止まった。このとき，この物体には2つの力がはたらいていた。この2つの力の関係を簡単に説明しなさい。

〔　　　　　　　　　　　　　　　　　　　　　　　　　　　　　　　〕

⓭ 物体の運動の記録

🖉 チェック

空欄をうめて，要点のまとめを完成させましょう。

【運動の表し方と記録のしかた】

① 物体の運動のようすは，速さと［　　　　　　　］で表すことができる。

② 速さと向きは，一定の時間間隔で撮影した連続写真
（［　　　　　　　　］写真）を使って調べることができる。

③ 一定時間ごとに瞬間的に強い光を出す装置を
［　　　　　　　　　　　　　　］という。この装置を
使って撮影した連続写真により，一定時間ごとの物体の位
置を記録することができる。

④ 運動している物体の速さは，一定時間に移動する
［　　　　　］で求められる。

⑤ 速さの単位には，

メートル毎秒（記号［　　　　　　　］）

センチメートル毎秒（記号［　　　　　　　］）

キロメートル毎時（記号［　　　　　　　］）

などが使われる。

⑥ 速さ〔m/s〕＝ $\dfrac{移動［\quad\quad\quad〕〔m〕}{移動にかかった［\quad\quad\quad〕〔s〕}$

⑦ ⑥のようにして求めた速さは，ある距離を一定の速さで移
動したと考えたときの速さなので，［　　　　　］の速さという。

⑧ スピードメーター（速度計）に表示されるような，時間の変
化に応じて刻々と変化する速さを，［　　　　　］の速さという。

⑨ 向きが変化しない運動の場合，
［　　　　　　　　　　　　　］を使って運動を記録すること
ができる。

⑩ 記録タイマーを使って物体の運動を調べたとき，テープに
記録された点の間隔は，テープを引く［　　　　　］に応じて
変化する。速さが一定のときは打点の間隔は［　　　　　］に
なり，また，速さが速いほど打点の間隔は［　　　　　］なる。

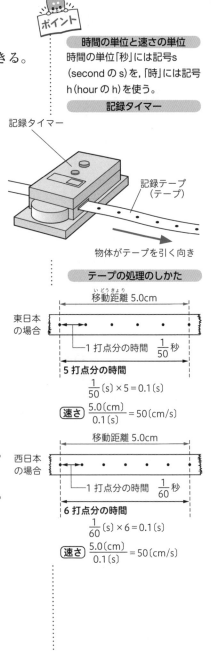

ポイント

時間の単位と速さの単位
時間の単位「秒」には記号s
（second の s）を，「時」には記号
h（hour の h）を使う。

記録タイマー

記録タイマー

記録テープ
（テープ）

物体がテープを引く向き

テープの処理のしかた

移動距離 5.0cm

東日本
の場合

1打点分の時間 $\dfrac{1}{50}$ 秒

5打点分の時間

$\dfrac{1}{50}$（s）×5＝0.1（s）

速さ $\dfrac{5.0（cm）}{0.1（s）}$＝50（cm/s）

移動距離 5.0cm

西日本
の場合

1打点分の時間 $\dfrac{1}{60}$ 秒

6打点分の時間

$\dfrac{1}{60}$（s）×6＝0.1（s）

速さ $\dfrac{5.0（cm）}{0.1（s）}$＝50（cm/s）

解答 ➡ 別冊p.8

トライ

1 図は，1秒間に60回打点する記録タイマーを使って調べた物体の運動の記録の一部である。次の問いに答えなさい。

移動距離 8.4cm

(1) この記録タイマーでは，1打点するのに何秒かかるか。 ［　　　　　］

(2) この記録タイマーでは，6打点するのに何秒かかるか。 ［　　　　　］

(3) この物体は，ある距離を一定の速さで移動していると考えられる。このようなときの速さを何というか。 ［　　　　　］

(4) 次の速さの単位を記号でそれぞれ答えなさい。
　　① センチメートル毎秒　　② メートル毎秒
　　①［　　　　　］ ②［　　　　　］

(5) この物体の(3)の速さを，①センチメートル毎秒，②メートル毎秒でそれぞれ求めなさい。
　　①［　　　　　］ ②［　　　　　］

速さは，移動距離を移動にかかった時間でわって求めるよ。

2 図は，1秒間に50回打点する記録タイマーを使って調べた物体の運動の記録を台紙に並べてはったものである。台紙の縦軸の1目盛りは1cmである。次の問いに答えなさい。

移動距離（cm）

時間〔s〕

(1) ①～⑤のテープは，ともに何秒間の記録か。 ［　　　　　］

(2) この物体の運動では，テープに記録されていた打点の間隔が変わっている。これについて，次のA～Dのテープでは，引く速さはどのようになっていると考えられるか。あとのア～エからそれぞれ選びなさい。

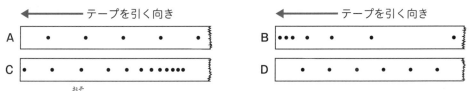

テープを引く向き

A

C

テープを引く向き

B

D

ア 一定で遅い。　　イ 一定で速い。
ウ しだいに遅くなる。　　エ しだいに速くなる。

A［　］ B［　］ C［　］ D［　］

(3) ③のテープが記録している物体の平均の速さは何センチメートル毎秒か。 ［　　　　　］

チャレンジ

解答 ➡ 別冊p.8

2の記録テープのうち，はじめの⓪の部分は使わない。その理由を簡単に説明しなさい。

［　　　　　　　　　　　　　　　　　　　　　　　　　　　　　　　　　　　］

⓮力と運動

チェック

空欄をうめて、要点のまとめを完成させましょう。

【力がはたらかないときの運動】

① 運動の向きに力がはたらいていないとき、一定の速さで一直線上を進む運動を〔　　　　　　　〕という。

② 等速直線運動の移動距離 =〔　　〕〔m/s〕×〔　　〕〔s〕

【力がはたらくときの運動】

③ 斜面を下る物体の運動では、斜面の角度（傾き）が大きくなると、速さのふえ方が大きくなる。これは、斜面に平行で下向きの力が〔　　　　〕なるからである。

④ 斜面に垂直な分力（物体を斜面に押しつける力）は、斜面からの〔　　　　　　　〕（斜面が物体を押し返す力）と常につりあっているから、斜面を下る物体の運動に関係する力は、斜面に〔　　　　〕な分力だけである。斜面に平行な分力の大きさは、斜面の〔　　　　〕が大きいほど大きくなる。

⑤ 物体が真下（鉛直下向き）に落下するときの運動を〔　　　　　　〕（自由落下運動）という。

⑥ 斜面を上る物体の運動では、運動と〔　　　　〕向きに、重力の斜面に平行な分力がはたらき続けるから、物体の速さは一定の割合で小さくなり、やがて静止した後、斜面を下り始める。

⑦ 水平面上ですべる物体には、運動と反対向きに〔　　　　〕力がはたらき続け、物体の速さは一定の割合で小さくなり、やがて静止する。

【慣性と作用・反作用】

⑧ 物体に力がはたらいていないか、力がはたらいていてもつりあっているとき、静止している物体は静止し続け、動いている物体は等速直線運動を続ける性質を〔　　　〕という。これを〔　　　〕の法則という。

⑨ 2つの物体間で対になってはたらく力のうち、一方を作用、もう一方を反作用という。作用と反作用の2力は、大きさは〔　　〕く、一直線上にあり、向きは〔　　　　〕である。これを〔　　　　　　〕の法則という。

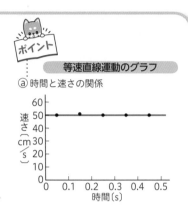

等速直線運動のグラフ
ⓐ 時間と速さの関係

ⓑ 時間と移動距離の関係

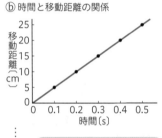

斜面の角度と重力の分力の変化

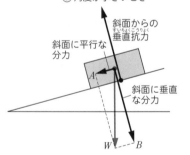

ⓐ 角度が小さいとき

ⓑ 角度が大きいとき

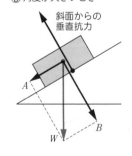

チェックの解答 ①等速直線運動 ②速さ、時間 ③大きく ④垂直抗力、平行、角度（傾き） ⑤自由落下 ⑥反対（逆） ⑦摩擦 ⑧慣性、慣性 ⑨等し、反対（逆）、作用・反作用

解答 ➡ 別冊p.8

1 図1のように，台車を手で軽く押し，記録タイマーで運動を記録した。図2は，テープの記録をもとに，時間と移動距離の関係をグラフに表したものである。次の問いに答えなさい。

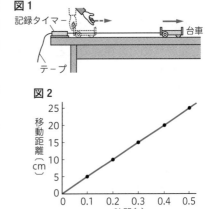

図1

(1) 図2から，時間と移動距離の間には，どのような関係があるといえるか。　[　　　　　　　]

(2) (1)から，この台車の運動の平均の速さは，約何cm/sだといえるか。　[　　　　　]

(3) この台車は，一定の速さで一直線上を運動している。このような運動を何というか。[　　　　　]

図2

2 図1では，斜面上の点A，B，Cに台車を置き，台車にはたらく斜面に平行な力をはかっている。図2は，斜面の角度を変えて台車の運動を記録タイマーで記録している。あとの問いに答えなさい。

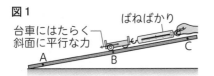

図1

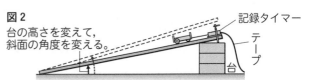

図2

(1) 図1で，点A，B，Cでの斜面に平行にはたらくそれぞれの力F_A，F_B，F_Cの大きさの関係を表したものを，次のア〜ウから選びなさい。

　ア　$F_A > F_B > F_C$　　イ　$F_A = F_B = F_C$　　ウ　$F_A < F_B < F_C$　　[　　　]

(2) 図1で，斜面の角度を大きくすると，点Bでの斜面に平行にはたらく力F_Bの大きさは，どうなるか。　[　　　　　　　]

(3) 図2で，台車の速さは，斜面を下っていくと，どのようになるか。次のア〜ウから選びなさい。

　ア　一定で変化しない。　　　　　イ　一定の割合で小さくなる。

　ウ　一定の割合で大きくなる。　　　　　　　　　　　　　[　　　]

(4) 斜面の角度を大きくしていくと，速さのふえ方が大きくなった。その理由を，次のア〜エから選びなさい。

　ア　重力が大きくなったから。

　イ　斜面からの垂直抗力が大きくなったから。

　ウ　斜面の摩擦力が小さくなったから。

　エ　斜面に平行な力が大きくなったから。　　　[　　　]

斜面では，物体が動く方向に，一定の力がはたらき続けているよ。その一定の力が大きくなると，下る速さも大きくなるんだ。

チャレンジ
解答 ➡ 別冊p.8

停車していた電車が動き出すと，立っていた乗客が進行方向とは逆に傾いた。逆に傾いた理由を，簡単に説明しなさい。

[　　　　　　　　　　　　　　　　　　　　　　　　　　　　　　　　　　]

⓯ 仕事

✎ チェック

空欄をうめて，要点のまとめを完成させましょう。

【仕事の大きさ】

① 物体に力を加え，力の向きに物体を動かしたとき，力は物体に対して [　　　　] をしたという。

② 物体を動かすとき，加える力が大きいほど，また，動かす距離が長いほど，[　　　　] は大きくなる。

③ 仕事の単位には，[　　　　　　　]（記号J）が使われる。

④ 仕事〔J〕＝物体に加えた [　　] の大きさ〔N〕
　　　　　　　×力の向きに動いた [　　　　]〔m〕

⑤ 重力に逆らってする仕事〔J〕
　＝重力の大きさ〔N〕×持ち上げた [　　　　]〔m〕

⑥ 摩擦力に逆らってする仕事〔J〕
　＝[　　　　] 力の大きさ〔N〕×水平に動かした距離〔m〕

⑦ 物体を押しても動かないときや物体を持ったまま立っているとき，力の向きに対して垂直に物体を動かしたときは，仕事をしたことには [　　　　]。

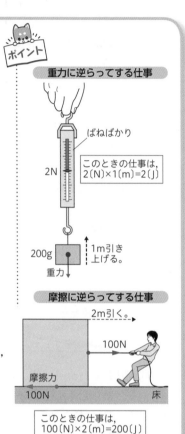

重力に逆らってする仕事

ばねばかり

2N

200g
重力

1m引き上げる。

このときの仕事は，
2〔N〕×1〔m〕=2〔J〕

【仕事の原理】

⑧ 動滑車や斜面，てこなどの道具を使うと，小さな力で物体を動かすことができるが，引いたり動かしたりする距離は [　　　　] なる。このように，道具を使っても使わなくても，同じ状態になるまでの仕事の大きさは [　　　　　　　]。このことを，[　　　　] の原理という。

【仕事率】

⑨ 一定時間当たりにする仕事の大きさを，[　　　　　　] という。

⑩ 仕事率〔W〕＝ $\dfrac{[\quad\quad]〔J〕}{仕事にかかった[\quad\quad]〔s〕}$

⑪ 仕事率と電力の単位は，ともに [　　　　] である。電力量は，電気による全体の仕事の大きさを表している。

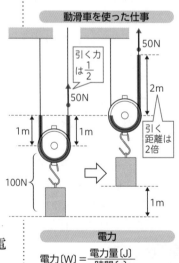

摩擦に逆らってする仕事

2m引く。

100N

摩擦力
100N　　　　　　床

このときの仕事は，
100〔N〕×2〔m〕=200〔J〕

動滑車を使った仕事

引く力は$\frac{1}{2}$

50N

50N

1m　1m

100N

2m

引く距離は2倍

1m

電力

電力〔W〕= $\dfrac{電力量〔J〕}{時間〔s〕}$

1 500gのボールに対して仕事をしたものを，次のア～エからすべて選びなさい。

ア 床に置いてある500gのボールを，1.5mの高さまで垂直に持ち上げた。

イ 500gのボールを1.5mの高さで持ったまま，1分間立っていた。

ウ 500gのボールを1.5mの高さで持ったまま，1m右に移動した。

エ 500gのボールを1.5mの高さから，さらに0.5m垂直方向に持ち上げた。

[   ]

2 図のような装置A，Bを使って，おもりと滑車の質量の合計**1.8kg**を**20cm**の高さまで引き上げる仕事の実験をした。このとき，おもりを引き上げるのに，Aは4秒，Bは3秒かかった。次の問いに答えなさい。ただし，おもりと滑車とひもの摩擦や，ひもの質量は考えないものとする。また，**100g**の物体にはたらく重力の大きさを**1 N**とする。

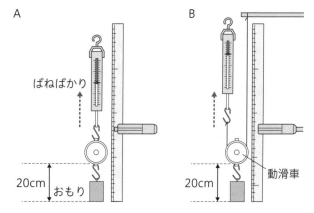

(1) 直接おもりと滑車を引き上げたAについて，次の①，②に答えなさい。

  ① このおもりと滑車を引き上げたとき，ばねばかりの値は何Nを示しているか。

[   ]

  ② おもりと滑車にした仕事は何Jか。   [   ]

(2) 動滑車を使っておもりを引き上げたBについて，次の①～③に答えなさい。

  ① このおもりを引き上げたとき，ばねばかりの値は何Nを示しているか。

[   ]

  ② おもりを20cm引き上げるには，ばねばかりを何cm引き上げることになるか。

[   ]

  ③ おもりにした仕事は何Jか。   [   ]

(3) (1)，(2)から導き出される，道具を使っても使わなくても，同じ状態になるまでの仕事の大きさについての原理を何というか。

> 物体にした仕事が同じでも，仕事率が同じになるとは限らないよ。仕事率は，かかった時間で変わるんだ。

[   ]

(4) AとBにおいて，このおもりと滑車を20cm引き上げたときの仕事率はそれぞれ何Wか。

A [   ]   B [   ]

20Nの物体を，摩擦のない斜面にそって引くと，10Nの力で，もとの位置よりも3 m高い位置まで引き上げられた。この斜面にそって引いた距離は何mか。

[   ]

16 エネルギー

チェック

空欄をうめて，要点のまとめを完成させましょう。

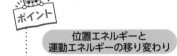

【位置エネルギーと運動エネルギー】

① ある物体が他の物体に仕事をする能力のことを
　　[　　　　　　　　　　]という。

② エネルギーの単位には，仕事と同じ[　　　　　　　　]
　（記号J）が使われる。

③ 高いところにある物体がもっているエネルギーを
　　[　　　　]エネルギーという。物体の位置エネルギーは，物
　体の基準面からの高さが[　　]いほど，大きい。また，物体
　の質量が[　　　]いほど，大きい。

④ 運動している物体がもっているエネルギーを[　　　　　]
　エネルギーという。物体の運動エネルギーは，物体の速さが
　[　　]いほど，大きい。また，物体の質量が[　　　]いほ
　ど，大きい。

ポイント

位置エネルギーと
運動エネルギーの移り変わり

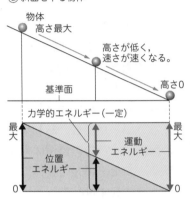

ⓐ 斜面を下る物体

【力学的エネルギー】

⑤ 位置エネルギーと運動エネルギーの和を，[　　　　　　]
　エネルギーという。

⑥ 摩擦力や空気の抵抗がなければ，力学的エネルギーは変化
　[　　　　　　]。物体のもつ力学的エネルギーが一定に保
　たれることを，力学的エネルギーの保存（力学的エネルギー
　保存の法則）という。

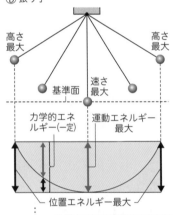

ⓑ 振り子

【多様なエネルギーとその移り変わり】

⑦ 力学的エネルギーのほかにも，エネルギーにはいろいろな
　種類があるが，これらのエネルギーの単位は，仕事の単位と
　同じ[　　　　　　]（記号J）が使われる。

⑧ 消費したエネルギーに対する利用できるエネルギーの割合を，エ
　ネルギー[　　　　　　]という。

⑨ エネルギー変換の前後でエネルギーの総量が変わらないことをエ
　ネルギー[　　　]の法則という。

⑩ 高温の部分から低温の部分に熱が移動することを[　　　]とい
　う。液体や気体の物質そのものが流動して，全体に熱が伝わる現象
　を[　　　]という。物質の熱が光として放出される現象を
　[　　　]という。

エネルギーの種類

電気エネルギー
熱エネルギー
光エネルギー
音エネルギー
化学エネルギー
弾性エネルギー
核エネルギー

熱

熱は，エネルギーの変換の過程で発生しやすいが，周囲に伝わりやすく，拡散しやすいので，他のエネルギーに変換するのは難しい。

チェックの解答 ①エネルギー　②ジュール　③位置，高，大き　④運動，速，大き　⑤力学的　⑥しない　⑦ジュール
⑧変換効率　⑨保存　⑩伝導（熱伝導），対流，放射（熱放射）

1 図1のような装置を使って，小球の質量や基準面からの高さを変えて，小球を転がす。小球の高さや質量と木片(もくへん)の移動(いどう)距離(きょり)の関係をグラフに表したものが，図2と図3である。次の問いに答えなさい。

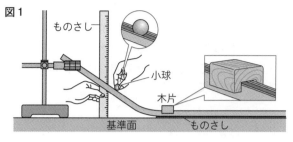
図1

(1) 基準面から18cmの高さから転がしたとき，木片の移動距離が最も大きい小球を，次のア～ウから選びなさい。

ア 質量10gの小球

イ 質量20gの小球

ウ 質量40gの小球　　　　[　　]

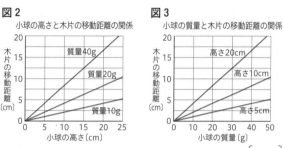
図2　小球の高さと木片の移動距離の関係
図3　小球の質量と木片の移動距離の関係

(2) 質量30gの小球を転がしたとき，木片の移動距離が最も大きい高さを，次のア～ウから選びなさい。

ア 高さ20cm　　イ 高さ10cm　　ウ 高さ5cm　　　　[　　]

(3) 質量30gの小球を高さ20cmから転がしたところ，木片に当たる瞬間(しゅんかん)の速さは1.2m/sだった。このとき，質量40gの小球を，高さ20cmから転がすことについて，次の①，②に答えなさい。

① 高さ20cmから転がしたとき，木片に当たる瞬間の運動エネルギーが大きいのは，質量30gの小球と質量40gの小球のどちらか。　　　　[　　　　　　　　]

② 質量40gの小球を高さ20cmから転がしたとき，木片に当たる瞬間の速さvはどうなるか。次のア～ウから選びなさい。

ア $v<1.2\text{m/s}$　　イ $v=1.2\text{m/s}$　　ウ $v>1.2\text{m/s}$　　　　[　　]

(4) 木片に当たる瞬間の位置エネルギーと運動エネルギーでは，どちらが大きいか。　　　　[　　　　　　　　]

(5) 木片の移動距離を大きくするには，小球の質量と転がす高さをどのようにすればよいか。

[　　　　　　　　　　　　　　　　　　　　　　　　　]

2 図のように振り子を糸がたるまないように持ち，アの位置からおもりを静かにはなすと，ア→イ→ウ→エ→オの順に振れ，オで折り返して再びアの位置まで振れた。次の問いに答えなさい。ただし，空気の抵抗や摩擦は考えないものとする。

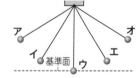

(1) 位置エネルギーが最大になる位置を，ア～オからすべて選びなさい。[　　　　]

(2) 運動エネルギーが最大になる位置を，ア～オからすべて選びなさい。[　　　　]

💫 **チャレンジ** ⋯⋯⋯⋯⋯⋯⋯⋯⋯⋯⋯⋯⋯⋯⋯⋯⋯⋯⋯⋯⋯⋯ 解答 ➡ 別冊p.9

電気エネルギーを運動エネルギーに変換するとき，すべての電気エネルギーを運動エネルギーに変換できるわけではない。その理由を，簡単に説明しなさい。

[　　　　　　　　　　　　　　　　　　　　　　　　　　　　　　　]

1 体積が10cm³で，密度の異なるおもりA，Bがある。それぞれを図1のように，ばねばかりにつるして，水中に沈めていく実験を行った。次の表は，その結果を示している。あとの問いに答えなさい。

図1
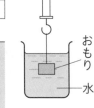
ばねばかり

	おもり	空気中	半分までを水中に沈める	全体を浅く水中に沈める	全体を深く水中に沈める
ばねばかりの値〔N〕	A	0.27	0.22	0.17	0.17
	B	0.79	a	0.69	b

(1) 図2で，水中におもりを沈めると，おもりには水にはたらく重力によって生じる圧力がはたらく。この圧力を何というか。　　　　　〔　　　　　　〕

図2

ア　イ　おもり　エ　ウ

おもり　水

(2) 図2で，おもりの点ア～エにはたらく(1)の圧力の大きい順に，ア～エを左から並べなさい。
〔　　　＞　　　＞　　　＞　　　〕

(3) おもりにはたらく(1)の圧力を大きくするには，おもりをさらにどうすればよいか。
〔　　　　　　　　　　　　　　　　〕

(4) 表のおもりAの結果から，おもりを水中に沈めていくと，ばねばかりの値が小さくなっていくことがわかる。これは，おもりに対して，重力とは反対の上向きの力がはたらいているからである。この力を何というか。　　　　　〔　　　　　〕

(5) おもりAにはたらく(4)の上向きの力の大きさは，次の①，②では何Nになるか。
　① おもりAを半分まで水中に沈めたとき　　② おもりA全体を水中に沈めたとき
〔　　　　　　　〕　　　〔　　　　　　　〕

(6) 表のおもりBの結果から，おもり全体を水中に沈めたときの(4)の力の大きさは，何Nになるか。
〔　　　　　　　〕

(7) 表のa，bに当てはまる，ばねばかりの値は，それぞれ何Nか。
a〔　　　　　　　〕　b〔　　　　　　　〕

(8) 体積が10cm³で，質量が50gの物体全体を，①水中に深く沈めたときと，②浅く沈めたときを考える。この実験結果をもとに考えると，この物体にはたらく(4)の上向きの力の大きさは，①，②ではそれぞれ何Nになるか。　　①〔　　　　　　〕　②〔　　　　　　〕

(9) この実験から，(4)の上向きの力の大きさに関係するのは，水中の深さと，物体の体積のどちらだといえるか。
〔　　　　　　　　　　　　〕

2 図1のように，角度を変えられるようにした斜面上に，テープをつけた台車を置き，静かに手をはなし,斜面を下る台車の運動を,記録タイマーで記録した。この記録タイマーは，

図1
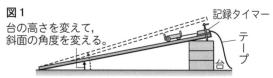
台の高さを変えて，斜面の角度を変える。
記録タイマー　テープ　台

1秒間に50打点する。図2は，斜面の角度がある大きさのときの台車の運動を記録したテープを，5打点ごとに切り，順に方眼紙にはりつけたものである。次の問いに答えなさい。

(1) 5打点ごとに切ったとき，テープの長さが6cmになった場合，台車の速さは，何cm/sになるか。
〔　　　　　　　〕

(2) 図2から，この台車の運動の速さと時間には，どのような関係があるといえるか。　[　　　　　　　　　　]

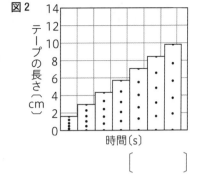

図2

(3) 台車は，斜面を下り終えると，摩擦(まさつ)のない床を一定の速さで運動し続けた。これについて，次の①，②に答えなさい。

① このときの台車の運動を何というか。
[　　　　　　　　　　]

② 台車がこのような運動をし続ける性質を何というか。　[　　　　　　　　　　]

(4) 図3の下向きの矢印は，斜面をある角度にしたときの台車にはたらく重力を表している。この重力を，①斜面に平行な力と，②斜面に垂直な力に分解しなさい。

図3

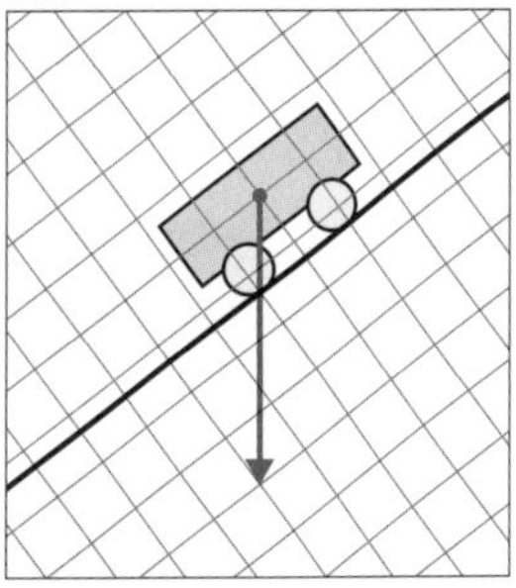

(5) (4)の②斜面に垂直な力は，台車が斜面から受ける，何という力とつりあっているか。　[　　　　　　　　　　]

(6) 図2で記録したときよりも，斜面の角度を大きくしていくと，(4)の①斜面に平行な力の大きさはどうなるか。　[　　　　　　　　　　]

(7) 台車を斜面の下から上に向かって手で押(お)し上げたところ，斜面を上る速さは一定の割合で小さくなり，やがていったん停止すると，台車は斜面を下り始めた。このように運動が変化するのは，台車にはたらく斜面に平行で下向きの力の向きがどうなっているからか。簡単に書きなさい。　[　　　　　　　　　　　　　　　]

3 図は，斜面から転がした40gの小球が当たったときの，50gの木片(もくへん)の移動距離(いどうきょり)を調べる装置である。次の問いに答えなさい。ただし，100gの物体にはたらく重力の大きさを1Nとする。

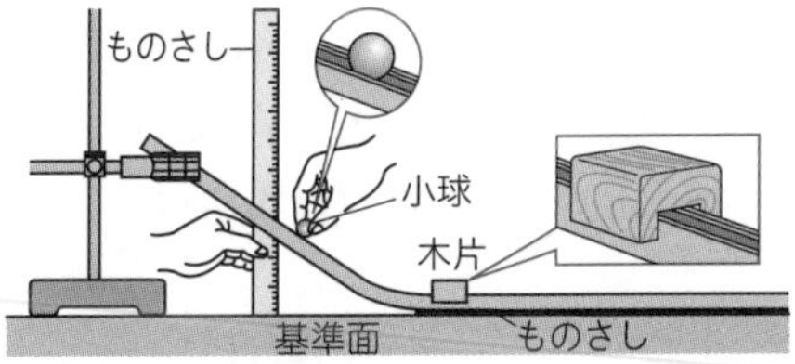

(1) 小球を基準面から15cmの高さから転がして当てると，木片は2秒間運動し，12cm移動して停止した。このとき，小球が木片にした①仕事は何Jで，②仕事率は何Wか。　①[　　　　　　] ②[　　　　　　]

(2) (1)のとき，小球は，木片に当たると，転がってきた方向とは反対方向に移動した。このとき成り立っている法則は何か。　[　　　　　　　　　　　]

(3) 小球が木片に当たる瞬(しゅん)間，最も大きくなっているエネルギーは何か。
[　　　　　　　　　　]

(4) (3)のエネルギーについて，次の①，②に答えなさい。

① 40gの小球を転がす高さを15cmから20cmにすると，(3)のエネルギーの大きさはどうなるか。　[　　　　　　　　　　]

② 転がす高さは15cmのままで，小球の質量を40gから10gにすると，(3)のエネルギーの大きさはどうなるか。　[　　　　　　　　　　]

(5) 斜面を転がる途中の小球で，力学的エネルギーはどうなっているか。次のア～エから選びなさい。ただし，摩擦や空気の抵抗(ていこう)は考えないものとする。　[　　　　　　]
ア 大きくなる。　　イ 一定に保たれている。　　ウ 小さくなる。　　エ 0になる。

(6) 実験直後，木片が移動した部分を触ると，熱くなっていた。これは，(3)のエネルギーが別のエネルギーに変換(へんかん)されたからである。この変換された別のエネルギーは何か。
[　　　　　　　　　　]

17 天体の1日の動き

チャート式シリーズ参考書 ≫ 第9章

チェック

空欄をうめて，要点のまとめを完成させましょう。

【天体の位置の表し方】

① 見かけ上の球形の天井を［　　　　］という。

② 天球上で，観測者の真上の点を［　　　　］という。

③ 北極と南極を結ぶ軸を［　　　　］という。

④ 地球が地軸を中心に1日に1回転する運動を，地球の［　　　　］という。

【太陽の1日の動きの観測】

⑤ サインペンの先の影を，透明半球の円の［　　　　］に合わせて印をつける。

⑥ 透明半球の円の中心は，［　　　　］の位置を表す。

⑦ 太陽の位置が最も高くなったときの方位は［　　　　］である。

⑧ 太陽の位置が最も高くなったときの時刻は［　　　　］時ごろである。

⑨ 記録した印をなめらかな曲線で結び，透明半球のふちまで延長する。このとき，曲線とふちとの交点で，東側は［　　　　］の位置，西側は［　　　　］の位置を表す。

⑩ 1時間ごとの印の間隔は［　　　　］になっている。

【天体の1日の動き】

⑪ 太陽が真南にくることを，太陽の［　　　　］という。

⑫ 南中したときの高度を［　　　　］という。

⑬ 太陽や星の1日の見かけの動きを［　　　　］という。

⑭ 太陽や星の日周運動は，地球の［　　　　］による見かけの動きである。

⑮ 地球は地軸を中心に，［　　　］から［　　　］へ自転している。

⑯ 太陽や星は，1時間に［　　　］度動いて見える。

⑰ 北の空の星は，［　　　　］を中心に回転して見える。

⑱ 北の空の星は，［　　　　］回りに回転して見える。

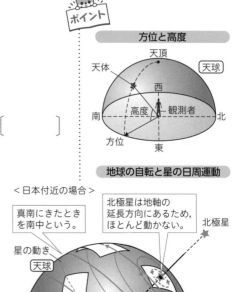

方位と高度

地球の自転と星の日周運動

＜日本付近の場合＞

真南にきたときを南中という。

北極星は地軸の延長方向にあるため，ほとんど動かない。

地平線の下で見えない。

太陽や星の日周運動の向きは，地球の自転の向きと逆である。

各方位の星の動き

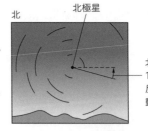

北極星を中心にして，1時間に15°，反時計回りに動いて見える。

東　南　西

解答 ➡ 別冊p.10

1 図は，日本のある場所で，ある日の太陽の位置を1時間おきに観測して透明半球上に・印で記録し，それらを曲線で結んで透明半球のふちまで延長したものである。Oは透明半球の中心を，A〜Dは東西南北のいずれかの方位を，E，Fは日の出または日の入りの位置を表している。次の問いに答えなさい。

図1

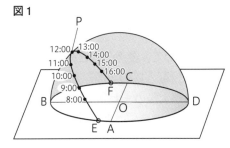

(1) 透明半球上に太陽の位置を・印で記録するとき，サインペンの先の影がどこにくるようにするか。図1のA〜D，Oから選びなさい。

[   ]

(2) 図1のDは東西南北のどの方位を表しているか。

[   ]

(3) 図1のPを記録したとき，太陽の位置が最も高くなった。このときの太陽の高度を何というか。

[   ]

(4) 図2は，図1に記録した太陽の位置を紙テープに写し取ったものである。この日の日の出の時刻は何時何分か。

[   ]

図2

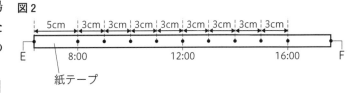

紙テープ

2 図は，12月ごろのオリオン座の動きを表している。次の問いに答えなさい。

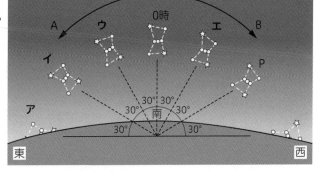

(1) オリオン座が動いて見える向きは，A，Bのどちらか。

[   ]

(2) オリオン座は1時間に何度動いて見えるか。

[   ]

(3) 20時にオリオン座が見える位置を，図のア〜エから選びなさい。

[   ]

(4) オリオン座がPの位置に見えるのは何時ごろか。次のア〜エから選びなさい。

ア 18時　イ 22時　ウ 2時　エ 4時

[   ]

チャレンジ 　　　　　　　　　　　　　　　　　　　　　　　　　　　解答 ➡ 別冊p.10

太陽や星が東から西へ動いて見えるのは，地球がどのような運動をしているからか。「地軸」ということばを使って，運動の向きがわかるように簡単に説明しなさい。

[

]

太陽や星の日周運動の向きは，地球が動く向きと逆になっているよ。

18 天体の1年の動き

チェック

空欄をうめて，要点のまとめを完成させましょう。

【地球の公転と星の年周運動】

① 地球が太陽のまわりを1年に1周することを，地球の［　　　　］という。

② 公転の向きは，北極側から見て［　　　　］回りである。

③ 公転の向きは，自転の向きと［　　　　］である。

④ 同じ時刻に同じ星座を観測すると，1か月に約［　　　　］度動いて見える。

⑤ 同じ時刻に同じ星座を観測すると，［　　　　］から［　　　　］の向きへ動いて見える。

⑥ 同じ時刻に同じ星座を観測すると，星座が動いて見えることを，星の［　　　　］という。

⑦ 星の年周運動は，地球の［　　　　］によって生じる見かけの動きである。

【季節による星座の移り変わり】

⑧ 一晩中見ることができないのは，地球から見て，太陽と［　　　　］方向にある星座である。

⑨ 地球から見て，太陽と反対の方向にある星座は，真夜中の［　　　　］の空に見える。

⑩ 天球上の太陽の通り道を［　　　　］という。

⑪ 太陽は星座の間を［　　　　］から［　　　　］へ動いて見える。

ポイント

星の年周運動

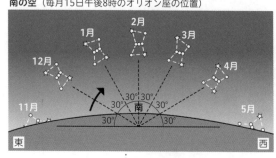

南の空（毎月15日午後8時のオリオン座の位置）

・1か月で約30°，東から西へ動いて見える。
・星の年周運動は，地球の公転による見かけの動きである。

黄道

・天球上の太陽の通り道。
・太陽が動いて見える向きは，地球の公転の向きと同じ。

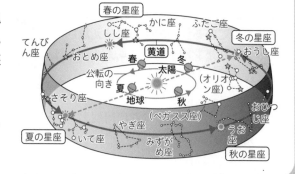

トライ

解答 ➡ 別冊p.10

1 次の文は，地球の自転，公転，星の年周運動，太陽の見かけの動きの向きについて述べたものである。ア〜エから正しいものを選びなさい。

ア 地球の自転の向きと公転の向きは反対である。

イ 地球の公転の向きと星の年周運動の向きは反対である。

ウ 地球の公転の向きと太陽が黄道上を動いて見える向きは反対である。

エ 星の日周運動の向きと年周運動の向きは反対である。

［　　　　］

チェックの解答　①公転　②反時計　③同じ　④30　⑤東, 西　⑥年周運動　⑦公転　⑧同じ　⑨南　⑩黄道　⑪西, 東

2 図は，毎月1日の20時に見えるさそり座の位置を観測し，記録したものであり，BはAが30°回転した位置にあった。次の問いに答えなさい。

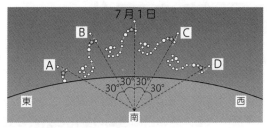

(1) 8月1日の20時のさそり座は，A～Dのどの位置に見えるか。 〔　　　〕

(2) 同じ時刻に同じ星座を観測すると，1か月に約何度動いて見えるか。 〔　　　〕

(3) 8月1日にさそり座が南中するのは何時ごろか。 〔　　　〕

(4) さそり座が22時にBの位置に見えるのは，何月1日か。次のア～エから選びなさい。

　　ア　5月1日　　イ　6月1日　　ウ　8月1日　　エ　9月1日 〔　　　〕

(5) さそり座が同じ位置に見える時刻は，1か月に何時間変わるか。次のア～エから選びなさい。

　　ア　1時間早くなる。　　　イ　1時間おそくなる。
　　ウ　2時間早くなる。　　　エ　2時間おそくなる。 〔　　　〕

3 図は，地球の公転軌道（きどう）と，代表的な4つの星座を模式的に表したものである。次の問いに答えなさい。

(1) 真夜中の南の空にしし座が見えるときの地球の位置を，A～Dから選びなさい。 〔　　　〕

(2) 夕方の南の空にさそり座が見えるときの地球の位置を，A～Dから選びなさい。 〔　　　〕

(3) 地球がDの位置にあるとき，明け方の南の空に見える星座を図から選びなさい。 〔　　　〕

(4) 地球がDの位置にあるとき，1晩中見ることができない星座を図から選びなさい。 〔　　　〕

(5) (4)の星座を1晩中見ることができないのはなぜか。次の文の〔　　　〕に当てはまることばを書きなさい。

　　(4)の星座は，地球から見て，〔　　　　　　　　〕方向にあるから。

真夜中の南の空に見える星座は，地球から見て，太陽と反対の方向にあるよ。南を正面にしたとき，左が東，右が西だね。

解答 ➡ 別冊p.11

チャレンジ

同じ時刻に同じ星座を観測すると，1か月に約30°，東から西へ動いて見えるのは，地球がどのような運動をしているからか。「太陽」，「1回」ということばを使って，運動の向きがわかるように簡単に説明しなさい。

〔　　　　　　　　　　　　　　　　　　　　　　　　　　　　　　　　　　　〕

19 季節の変化

✏️ チェック

<くうらん>空欄</くうらん>をうめて，要点のまとめを完成させましょう。

【季節による太陽の日周運動の変化と気温の変化】

① 太陽の南中高度が最も高くなるのは，〔　　　　　〕の日である。

② 日の出・日の入りの位置が最も南寄りになるのは，〔　　　　〕の日である。

③ 太陽が真東からのぼり，真西に<しず>沈</しず>むのは，〔　　　　　　〕の日である。

④ 昼の長さが最も長くなるのは，〔　　　　　〕の日である。

⑤ 昼と夜の長さがほぼ同じになるのは，〔　　　　　　〕の日である。

⑥ 同じ面積の地面が受ける光の量は，太陽の高度が〔　　　　〕ほど多い。

⑦ 太陽の南中高度が高いと，気温が〔　　　　　〕なりやすい。

【季節が変化する理由】

⑧ 季節によって太陽の南中高度や昼の長さが変化するのは，地球が〔　　　　〕を<かたむ>傾</かたむ>けたまま，太陽のまわりを公転しているからである。

⑨ 北半球では，北極側が太陽の方向に傾いたときに，太陽の南中高度が〔　　　　〕なる。

⑩ 北半球では，北極側が太陽の方向に傾いたときに，昼の長さが〔　　　　〕なる。

⑪ 北極で太陽が1日中沈まないのは〔　　　　　〕の日である。

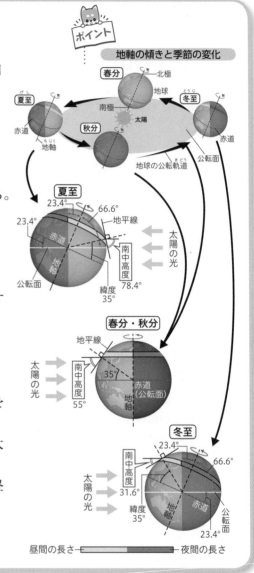

ポイント
地軸の傾きと季節の変化

✋ トライ

解答 ➡ 別冊p.11

1 図は，<ほくい>北緯</ほくい>35°の地点の，夏至の日の太陽の光の当たり方を模式的に表したものである。次の問いに答えなさい。

(1) 北緯35°の地点の，夏至の日の太陽の南中高度の求め方を，次のア～ウから選びなさい。

　ア　90° − (35° + 23.4°)　　イ　90° − (35° − 23.4°)

　ウ　90° − 35°　　　　　　　　　　　　〔　　　　　〕

(2) 北緯35°の地点で，夏至の日の太陽の南中高度は何度か。

〔　　　　　〕

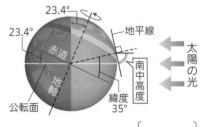

　チェックの解答　①夏至　②冬至　③春分・秋分　④夏至　⑤春分・秋分　⑥高い　⑦高く　⑧地軸　⑨高く　⑩長く　⑪夏至

2 図1は，日本のある地点で季節による太陽の通り道を記録したもの，図2は図1を記録した地点での1年間の日の出と日の入りの時刻を表したものである。次の問いに答えなさい。

図1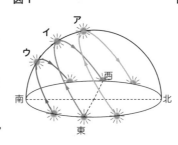

図2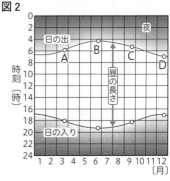

(1) 冬至のときの太陽の通り道を，図1のア～ウから選びなさい。 〔　　　〕

(2) 図2のBのときの太陽の通り道を，図1のア～ウから選びなさい。 〔　　　〕

(3) 図1のイのときの日の出の時刻を，図2のA～Dからすべて選びなさい。 〔　　　〕

(4) 冬至から季節が進んでいくと，日の出のときの太陽の位置は，南北どちらへ移動するか。 〔　　　〕

3 図は，地球が太陽のまわりを公転しているようすを模式的に表したものである。次の問いに答えなさい。

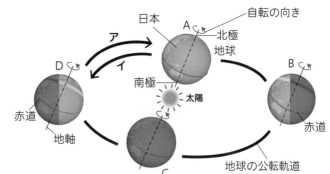

(1) 地球の公転の向きは，ア，イのどちらか。 〔　　　〕

(2) 日本が夏至のときの地球の位置を，A～Dから選びなさい。 〔　　　〕

(3) 日本で太陽の南中高度が最も低くなるときの地球の位置を，A～Dから選びなさい。 〔　　　〕

(4) 日本で日の出・日の入りの位置が最も北寄りになるときの地球の位置を，A～Dから選びなさい。 〔　　　〕

(5) 昼と夜の長さがほぼ同じになるときの地球の位置を，A～Dからすべて選びなさい。 〔　　　〕

(6) 地球がBの位置にあるときの南極のようすを，次のア～ウから選びなさい。
   ア　太陽が1日中のぼらない。
   イ　太陽が1日中沈まない。
   ウ　昼と夜の長さがほぼ同じになる。 〔　　　〕

北半球では，北極側が太陽の方向に傾くときは夏，南極側が太陽の方向に傾くときは冬だよ。

チャレンジ ·· 解答 ➡ 別冊p.11

太陽の南中高度や昼の長さが季節によって変化する理由を，「地軸」ということばを使って簡単に説明しなさい。

〔　　　　　　　　　　　　　　　　　　　　　　　　　　　　　　　　　〕

⓴ 月の動きと見え方

✎ チェック

空欄をうめて, 要点のまとめを完成させましょう。

【月の形と位置の変化】

① 月は, 地球のまわりを約 [   ] か月かけて公転している。

② 月の見かけの形の変化を, 月の [   ] という。

③ 同じ時刻に見える月は, 日がたつにつれて [   ] から [   ] へ移動する。

④ 夕方に見える月は, 日がたつにつれて形がしだいに [   ] なる。

⑤ 地球から見た月が太陽と同じ方向にあり, すがたが見えない月を [   ] という。

⑥ 右半分が光って見える月を [   ] の月 (半月) という。

⑦ 丸く見える月を [   ] という。

⑧ 満月のときの月は, 地球から見て太陽と [   ] の方向にある。

⑨ 左半分が光って見える月を [   ] の月 (半月) という。

⑩ 新月から次の新月までにもどるまでには, 約 [   ] 日かかる。

⑪ 北極側から見ると, 月は地球のまわりを [   ] 回りに公転している。

【日食と月食】

⑫ 太陽の全体, または一部が月に隠れて見えなくなる現象を [   ] という。

⑬ 日食が起こるのは, 地球から見て月が太陽と [   ] 方向にあるときである。

⑭ 日食が起こるときの月の形は [   ] である。

⑮ 月の全体, または一部が地球の影に入る現象を [   ] という。

⑯ 月食が起こるのは, 地球から見て月が太陽と [   ] の方向にあるときである。

⑰ 月食が起こるときの月の形は [   ] である。

ポイント

月の形と位置の変化

9/20　9/18　9/16　9/14　9/12　9/10　9/8

南東　　　　　南　　　　　南西

夕方の同じ時刻に見える月は, 形がしだいに丸くなり, 位置が東へ移動していく。

月の満ち欠けのしくみ

・月は地球のまわりを公転している。

・月はみずから光を出さず, 太陽の光を反射して輝いている。

・太陽・月・地球の位置関係の変化により, 地球から見たときの月の形が変化する。

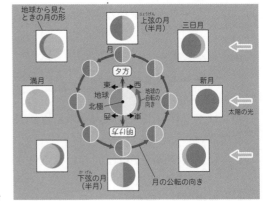

日食

太陽-月-地球の順に一直線上に並んで, 太陽が月に隠れる現象。

月食

太陽-地球-月の順に一直線上に並んで, 月が地球の影に入る現象。

1 図1は，地球のまわりを回る月と，太陽の光の方向を示した　図1
ものである。次の問いに答えなさい。

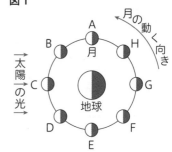

(1)　月が地球のまわりを回ることを，月の何というか。

〔　　　　　〕

(2)　次のア〜オは，月がどの位置にあるときか。図1のA〜H
からそれぞれ選びなさい。

ア　新月　　イ　満月　　ウ　上弦の月　　エ　下弦の月

オ　三日月

ア〔　〕イ〔　〕ウ〔　〕エ〔　〕オ〔　〕

(3)　ある日の日没のころ，東の空に月がのぼってきた。このときの月の位置はどこか。図1の
A〜Hから選びなさい。 〔　　　　〕

(4)　ある日の真夜中に，月が南西の方向に見
え た。このとき，月はどのように見えたか。
図2のア〜エから選びなさい。

〔　　　　〕

真夜中に南の空に見える
月は，地球から見て，太
陽と反対の方向にあるよ。
真夜中に南西の方向に見
える月は，図1のどこに
あるかな。

図2

ア　　　　イ　　　　ウ　　　　エ

2 図1は，ある日に観測された日食のようすであり，図2は，太陽，地球，月　図1
の位置関係を表している。次の問いに答えなさい。

(1)　図1のような日食を何というか。

〔　　　　　〕

(2)　図1のような日食が観測できるのは，図2のa，
bのどちらか。

〔　　　　〕

(3)　部分月食が見えるのは，月がどの位置にあると
きか。図2のA〜Dからすべて選びなさい。

〔　　　　〕

図2

日食，月食が起こるしくみについて，「太陽」，「月」，「地球」のうち，適当なことばを使って
簡単に説明しなさい。

・日食 〔　　　　　　　　　　　　　　　　　　　　　　　　　　　〕

・月食 〔　　　　　　　　　　　　　　　　　　　　　　　　　　　〕

㉑ 金星の動きと見え方

🖐 チェック

空欄をうめて，要点のまとめを完成させましょう。

【金星の動きと満ち欠け】

① 金星は，太陽のまわりを [　　　　] している。

② 金星は，太陽の光を [　　　　] して輝いている。

③ 金星の公転軌道は，地球の公転軌道より [　　　] 側である。

④ 金星は，夕方の [　　　] の空か，明け方の [　　　] の空にしか見ることができない。

⑤ 金星は，真夜中に見ることは [　　　　　] 。

⑥ 金星と地球との距離が近いとき，金星の大きさは [　　　　] 見える。

⑦ 金星と地球との距離が近いとき，金星の欠け方は [　　　　] 。

⑧ 夕方に見える金星は，[　　] 側が光って見える。

⑨ 明け方に見える金星は，[　　　] 側が光って見える。

【惑星の動きと見え方】

⑩ 太陽のまわりを公転し，太陽の光を反射して輝いている天体を [　　　　] という。

⑪ 地球より内側の軌道を公転している惑星を [　　　　　] という。

⑫ 内惑星は，金星と [　　　　] である。

⑬ 内惑星は，明け方か [　　　　] にしか見えない。

⑭ 内惑星は，満ち欠け [　　　] 。

⑮ 地球より外側の軌道を公転している惑星を [　　　　] という。

⑯ 外惑星には，[　　　] ，木星，土星，天王星，海王星がある。

⑰ 外惑星は，真夜中に見ることが [　　　] 。

⑱ 外惑星は，ほとんど満ち欠け [　　　　] 。

■ ポイント

金星の公転と見え方

西の空に見える。（よいの明星）　金星　東の空に見える。（明けの明星）

金星の軌道

見えない

見え方

公転の向き

太陽

見えない

地球の軌道

夕方　明け方

公転の向き

地球

自転の向き

地球側から見た金星

・太陽の光が当たっている側が光って見える。

・金星と地球の距離が近いときは大きく見え，遠いときは小さく見える。

内惑星と外惑星の軌道

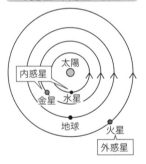

太陽

内惑星

金星　水星

地球

火星

外惑星

・外惑星には，火星のほかに，木星，土星，天王星，海王星もある。

・公転の向きはすべて同じ。

1 図1は，ある日の太陽と金星と地球の位置関係を示したものである。次の問いに答えなさい。

図1
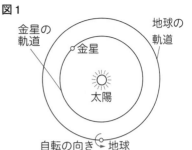

(1) このときの金星は，どのような形に見えたか。図2のア～エから選びなさい。 〔　　　〕

(2) このときの金星の見え方を，次のア～エから選びなさい。

　　ア　明け方の西の空　　　イ　明け方の東の空
　　ウ　夕方の西の空　　　　エ　夕方の東の空
〔　　　〕

図2

※望遠鏡の倍率は一定ではなく，肉眼で見た向きに直してある。

(3) この日から1か月後の金星の見かけの大きさと欠け方はどうなるか。次のア～エから選びなさい。ただし，地球は1年で1回公転し，金星は0.62年で1回公転するものとする。

　　ア　しだいに大きくなり，満ちていく。
　　イ　しだいに小さくなり，満ちていく。
　　ウ　しだいに大きくなり，欠けていく。
　　エ　しだいに小さくなり，欠けていく。
〔　　　〕

地球は1か月で約30°，金星は1か月で約48°公転するよ。1か月後の地球と金星の距離はどうなるかな。

(4) 金星が最も大きく見えるときの形を，図2のア～エから選びなさい。 〔　　　〕

2 図は，地球に近い2つの惑星の公転軌道を示している。次の問いに答えなさい。

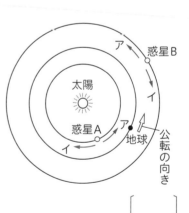

(1) 惑星A，Bの名称を書きなさい。
A〔　　　　　〕　B〔　　　　　〕

(2) 惑星A，Bは，それぞれア，イのどちらに動くか。
A〔　　　〕　B〔　　　〕

(3) 惑星Aのように，地球より内側の軌道を公転する惑星を何というか。 〔　　　　　〕

(4) (3)の惑星を次のア～エから選びなさい。
　　ア　木星　イ　土星　ウ　月　エ　水星
〔　　　〕

(5) 真夜中にも見ることができるのは，惑星A，Bのどちらか。
〔　　　〕

真夜中に金星を見ることができない理由を簡単に説明しなさい。

金星は，〔

22 太陽系と宇宙の広がり①

チャート式シリーズ参考書 >>
第12章 1

チェック

空欄をうめて，要点のまとめを完成させましょう。

ポイント

【太陽】

① みずから光を出して輝いている天体を〔　　　　　〕という。

② 太陽は，おもに水素からなる高温の〔　　　　　〕でできている。

③ 太陽の表面に見られる黒い斑点を〔　　　　　〕という。

④ 黒点の温度は，まわりより〔　　　　　〕。

⑤ 太陽の表面に見られる炎のようなガスの動きを〔　　　　　　　　〕(紅炎)という。

⑥ 太陽を取り巻く高温のガスの層を〔　　　　　〕という。

【太陽の表面の観察】

⑦ 天体望遠鏡や肉眼で太陽を直接〔　　　　　〕はいけない。

⑧ 天体望遠鏡で太陽を観察するとき，ファインダーには〔　　　　　〕をしておく。

⑨ 数分後，太陽の像が記録用紙の円をずれ動いていく方向を，〔　　　〕とする。

⑩ 数分後に太陽の像がずれていくのは，地球が〔　　　　　〕しているためである。

⑪ 1週間ぐらい，同じ時刻に観察したとき，黒点の位置が変化するのは，太陽が〔　　　　　〕しているためである。

⑫ 1週間ぐらい，同じ時刻に観察したとき，黒点の形が変化するのは，太陽の形が〔　　　　　〕であるためである。

太陽の表面のようすと内部の想像図

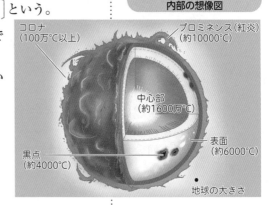

コロナ (100万℃以上)
プロミネンス(紅炎) (約10000℃)
中心部 (約1600万℃)
黒点 (約4000℃)
表面 (約6000℃)
・地球の大きさ

太陽の表面の観察

天体望遠鏡
★像はふつう，上下左右が逆になっている。
対物レンズ
ファインダー (ふたをしておく。)
接眼レンズ
日よけ板 (しゃ光板)
注意！ 太陽を直接見てはいけない。
太陽投影板 (記録用紙を固定する。)

北 2月17日 11時
西　東
南

北 2月19日 11時
西　東
南

太陽の像が ずれ動く 方向 ── 地球が自転しているから。

トライ

解答 ➡ 別冊 p.12

1 太陽について正しく述べた文を，次のア～エから選びなさい。

　ア　ほかの天体の光を反射して輝いている惑星である。

　イ　液体や固体でできている。

　ウ　黒点の温度はまわりより高い。

　エ　直径は地球の直径の100倍以上である。

〔　　　〕

チェックの解答 ①恒星　②気体(ガス)　③黒点　④低い　⑤プロミネンス　⑥コロナ　⑦見て　⑧ふた　⑨西　⑩自転　⑪自転　⑫球形

2 図は，太陽の表面のようすと内部の想像図である。
次の問いに答えなさい。

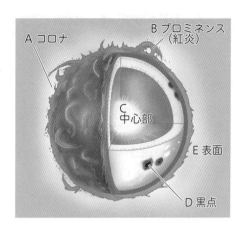

(1) 太陽のように，みずから光を出して輝いている天
体を何というか。 〔　　　　　〕

(2) 最も温度が高いのは，図のA〜Eのどこか。
〔　　　　　〕

(3) 次の①〜③に当てはまる部分を，図のA〜Eから
それぞれ選びなさい。
① 皆既日食のときに見られる高温のガスの層
② 炎のようなガスの動き
③ まわりより温度が低い部分
①〔　　　〕 ②〔　　　〕 ③〔　　　〕

3 図1のような天体望遠鏡を使って，太陽を数日間観察
した。図2はその結果である。次の問いに答えなさい。

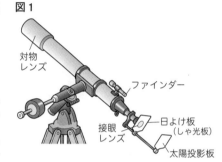

(1) 天体望遠鏡で太陽を観察するときに，してはいけな
いことを次のア〜エから選びなさい。
ア 平らなところに三脚を固定すること。
イ 肉眼で接眼レンズをのぞいて，太陽の位置を確認
すること。
ウ 天体望遠鏡を太陽に向け，接眼レンズと太陽投影
板の位置を調節し，太陽の像をうつすこと。
エ 記録用紙にうつった黒い斑点を，すばやく記録するこ
と。 〔　　　　　〕

(2) 図2のa，bのうち，どちらが西か。
〔　　　　　〕

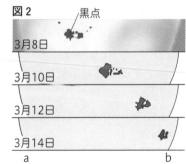

(3) 図2のように，黒点の位置が少しずつ移動する理由を，次
のア〜エから選びなさい。
ア 地球が自転しているから。
イ 地球が公転しているから。
ウ 太陽が自転しているから。
エ 太陽が公転しているから。
〔　　　　　〕

10cm＝100mmだよ。黒点の直径は，
太陽の像の直径の何分の1かな。

(4) 黒点が太陽の像のちょうど真ん中にあるとき，太陽投影板に記録された黒点の直径は2mm
だった。太陽の像の直径が10cmだとすると，この黒点の大きさは地球の直径の約何倍か。太
陽の直径は地球の直径の約109倍として整数で答えなさい。 〔　　　　　〕

チャレンジ ………………………………………………………… 解答 ➡ 別冊p.12

天体望遠鏡や肉眼で，太陽を直接見てはいけない理由を簡単に説明しなさい。

〔

〕

23 太陽系と宇宙の広がり②

チェック

空欄をうめて，要点のまとめを完成させましょう。

【太陽系】

① 太陽とそのまわりを公転する天体をまとめて
　［　　　　　］という。

② 恒星のまわりを公転し，恒星の光を反射して輝いて
　いる天体を［　　　　　］という。

③ 太陽系にある惑星の数は［　　　　］つである。

④ 太陽系の惑星は，ほぼ同じ平面（［　　　　　］）上
　で，同じ向きに公転している。

⑤ 小型でおもに岩石と金属でできていて，密度が大き
　い惑星を［　　　　　］惑星という。

⑥ 大型でおもに気体でできていて，密度が小さい惑星
　を［　　　　　］惑星という。

⑦ 太陽系の惑星のうち，最も大きいのは［　　　　　］で
　ある。

⑧ 惑星のまわりを公転する天体を［　　　　　］という。

⑨ 地球の衛星は［　　　　　］である。

⑩ 火星と木星の軌道の間にある多数の天体を
　［　　　　　］という。

⑪ 海王星より外側の軌道を公転する天体を
　［　　　　　　　　　］という。

⑫ 氷やちり（小さな石の粒）が集まってできた天体を［　　　　　］
　という。

【銀河系と宇宙の広がり】

⑬ 恒星の明るさは［　　　　　］で表される。

⑭ 1等星と6等星のうち，明るいのは［　　　　　］等星である。

⑮ 光が1年間に進む距離を［　　　　　］という。

⑯ 太陽系が属している恒星の集団を［　　　　　］（天の川銀河）
　という。

⑰ 銀河系にある恒星の集団を［　　　　　］という。

⑱ 銀河系にある雲のようなガスの集まりを［　　　　　］という。

⑲ 銀河系の外にある恒星の集団を［　　　　　］という。

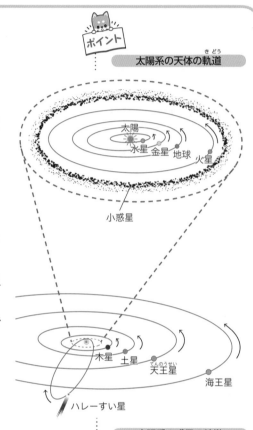

ポイント

太陽系の天体の軌道

太陽　水星　金星　地球　火星　小惑星

木星　土星　天王星　海王星　ハレーすい星

太陽系の惑星の特徴

・太陽から遠いほど，公転周期
　が長い。

・地球型惑星：
　水星，金星，地球，火星
　小型で密度が大きい。
　おもに岩石と金属でできてい
　る。

・木星型惑星：
　木星，土星，天王星，海王星
　大型で密度が小さい。
　おもに気体でできている。

惑星以外の天体

・衛星：惑星のまわりを公転す
　る天体。
　例：月

・太陽系外縁天体：海王星より
　外側の軌道を公転する天体。
　例：冥王星

・すい星：氷やちり（小さな石
　の粒）が集まってできた天体。
　太陽に近づくと尾をつくるこ
　とがある。

チェックの解答　①太陽系　②惑星　③8　④公転面　⑤地球型　⑥木星型　⑦木星　⑧衛星　⑨月　⑩小惑星
⑪太陽系外縁天体　⑫すい星　⑬等級　⑭1　⑮光年　⑯銀河系　⑰星団　⑱星雲　⑲銀河

1 表は，太陽系の惑星の特徴をまとめたものである。次の問いに答えなさい。

	距離※〔億km〕	公転周期〔年〕	半径〔地球＝1〕	密度〔g/cm³〕	Xの数
水星	0.58	0.24	0.38	5.43	0
金星	1.08	0.62	0.95	5.24	0
地球	1.50	1.00	1.00	5.51	1
火星	2.28	1.88	0.53	3.93	2
木星	7.78	11.86	11.21	1.33	79
土星	14.29	29.46	9.45	0.69	65
天王星	28.75	84.02	4.01	1.27	27
海王星	45.04	164.77	3.88	1.64	14

※太陽からの平均距離

(1) 小型で密度が大きい惑星を何というか。

〔　　　　　　　　〕

(2) (1)の惑星を表からすべて選びなさい。

〔　　　　　　　　　　　　　〕

(3) 表のXは何の数を表しているか。〔　　　　　　　〕

(4) 太陽からの距離が遠いほど，公転周期はどうなっているか。〔　　　　　　　　　　〕

(5) 小惑星は，おもにどの惑星とどの惑星の軌道の間にあるか。

〔　　　　　　　〕と〔　　　　　　　〕の間

(6) 次の特徴をもつ惑星を，表から1つずつ選びなさい。

① しま模様や巨大な渦が見られる。

〔　　　　　　　　〕

② 明るい環が見られる。

〔　　　　　　　　〕

③ 表面の平均温度は約460℃である。

〔　　　　　　　　〕

①は太陽系最大の惑星，②は太陽系で2番目に大きい惑星，③は地球のすぐ内側の軌道を公転している惑星だよ。

2 図は，太陽系が属する恒星の集団を真上から見た想像図である。次の問いに答えなさい。

(1) この恒星の集団を何というか。〔　　　　　　　〕

(2) この恒星の集団には，何個の恒星があるか。次のア～エから選びなさい。

ア　数億個　　　イ　数十億個
ウ　数百億個　　エ　数千億個　　〔　　　　　　　〕

(3) 図のXには，恒星までの距離を表す単位が入る。この単位を何というか。〔　　　　　　　〕

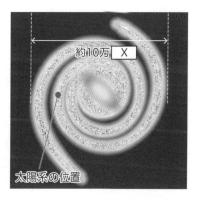

約10万 X

太陽系の位置

地球型惑星と木星型惑星について，「密度」ということばを使って簡単に説明しなさい。

・地球型惑星〔　　　　　　　　　　　　　　　　　　　　　　〕

・木星型惑星〔　　　　　　　　　　　　　　　　　　　　　　〕

1 図は，日本のある地点で，夜空の星の動きを1時間カメラのシャッターを開けて撮影し，それを模式図に表したものである。あとの問いに答えなさい。

北 A　　　　東　　　　　南　　　　　西

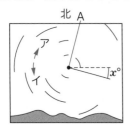

(1) 各方位の星の動いて見える方向を，図のア〜クからそれぞれ選びなさい。

北 [　]　　東 [　]　　南 [　]　　西 [　]

(2) 星が，北の空のように動いて見える向きを，何回りというか。

[　]

(3) 北の空で，Aの星を中心に，星は1時間に$x°$動く。$x°$とは何度か。

[　]

(4) このような星の24時間（1日）の見かけの動きを何というか。

[　]

(5) (4)のような見かけの動きは，地球がどのような運動をしているからか。

[　]

2 図は，地球から見た星座の移り変わりを表している。次の問いに答えなさい。

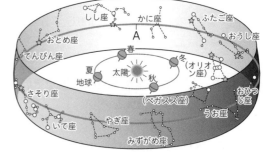

(1) 図のAは，太陽の見かけの通り道を表している。Aを何というか。

[　]

(2) 図の季節は，日本での季節を表している。次の①〜③に答えなさい。

① 日本が夏至のときに，真夜中に南の空に見える星座を，次のア〜エから選びなさい。

ア みずがめ座　イ おうし座　ウ しし座　エ さそり座　　[　]

② 日本が冬至のとき，真夜中に東の空に見える星座を，次のア〜エから選びなさい。

ア おひつじ座　イ おうし座　ウ しし座　エ いて座　　[　]

③ 日本が春分のとき，真夜中に見えない星座を，次のア〜エから選びなさい。

ア かに座　イ おとめ座　ウ みずがめ座　エ しし座　　[　]

(3) 図のように，地球は地軸を傾けて太陽のまわりを公転している。公転面に対して垂直方向から，地球の地軸は何度傾いているか。

[　]

(4) (3)のように，地球が地軸を傾けて公転しているから，四季の変化がある。日本の北緯36°地点の夏至の日の太陽の南中高度を，次のア〜オから選びなさい。

ア 30.6°　イ 36.0°　ウ 54.0°　エ 66.6°　オ 77.4°　　[　]

3 図1は地球のまわりを公転する月, 図2
は太陽のまわりを公転する地球と金星を
表している。次の問いに答えなさい。

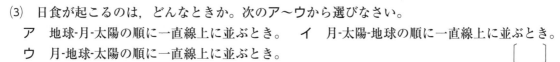

図1　　　　　　　　図2

(1) 地球のまわりを公転する月のような,
天体を何というか。　　　　　　　　〔　　　　　〕

(2) 次の①～③に当てはまる位置を, 図1
のA～Hから選びなさい。

　① 真夜中, 地球から月が満月に見える位置　　　　　　〔　　　〕

　② 夕方, 地球から月が上弦の月 (半月) に見える位置　　〔　　　〕

　③ 地球から見て, 月が新月であるときの位置　　　　　　〔　　　〕

(3) 日食が起こるのは, どんなときか。次のア～ウから選びなさい。

　ア 地球-月-太陽の順に一直線上に並ぶとき。　　イ 月-太陽-地球の順に一直線上に並ぶとき。

　ウ 月-地球-太陽の順に一直線上に並ぶとき。　　　　　　　　　　〔　　　〕

(4) 図2について, 次の①, ②に答えなさい。

　① 地球から, 金星が大きく見え, 金星の東側 (左側) が輝き, 西側 (右側) が大きく欠けて見
える位置を, 図2のア～エから選びなさい。　　　　　　　　　　　〔　　　〕

　② ①のとき, 金星が見えるのは, 北・西・南・東のどの方位か。　〔　　　〕

4 図は, 太陽のまわりを公転する天体を表している。
次の問いに答えなさい。

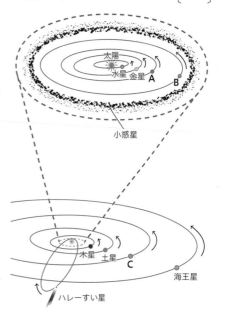

(1) 太陽のように, みずから光を出して輝いている天体
を何というか。　　　　　　〔　　　　　〕

(2) 図のA, B, Cの惑星の名称を答えなさい。

　　A〔　　　　　〕　　B〔　　　　　〕

　　　　　　　　C〔　　　　　〕

(3) 次の①, ②に答えなさい。

　① A, Bのように, 小型でおもに岩石と金属ででき
ていて, 密度の大きい惑星を何というか。
〔　　　　　〕

　② Cのように, 大型でおもに気体でできていて, 密
度が小さい惑星を何というか。
〔　　　　　〕

(4) 金星から, 真夜中に見ることができない惑星を, 図
から1つ答えなさい。　　　　　　　　　　　　　　　　〔　　　　　〕

(5) 太陽とそのまわりを公転する天体をまとめて, 何というか。　　〔　　　　　〕

(6) (5)の天体が属している, 太陽のようにみずから光を出して輝いている天体の集団を何とい
うか。　　　　　　　　　　　　　　　　　　　　　　〔　　　　　〕

(7) (6)の天体の集団は, 真上から見ると, うず巻き状であり, うず巻きの直径は約10万光年で
ある。この光年という単位は何を表しているか, 簡単に説明しなさい。

〔　　　　　　　　　　　　　　　　　　　　　　　　　　　　　　〕

24 生物どうしのつながり

チェック

空欄をうめて，要点のまとめを完成させましょう。

【食物による生物のつながり】

① ある地域に生息する生物と，それを取り巻く[　　　　]を1つのまとまりとしてとらえたものを[　　　　]という。

② 生態系の中の生物は，「食べる・食べられる」という関係で鎖のようにつながっており，このつながりを[　　　　]という。

③ 生態系の生物全体では，その食物連鎖の関係は網の目のようにつながっており，このつながりを[　　　　]という。

【生態系における生物の役割と数量的な関係】

④ 植物は，太陽の光エネルギーを使って[　　　　]を行い，無機物である二酸化炭素と水から有機物をつくり出している。生態系において，植物などの，無機物から有機物をつくり出す生物を[　　　　]という。

⑤ 生産者を食べることで，生産者がつくり出した有機物を直接消費する草食動物や，草食動物を食べることで，生産者がつくり出した有機物を間接的に消費する肉食動物を[　　　　]という。

⑥ ある生態系に着目したとき，生物の数量はふつう，食べる生物よりも食べられる生物のほうが[　　　　]。

⑦ ある生態系における食べる生物と食べられる生物の数量の割合は，一時的な増減があっても，長期的にみれば，ほぼ[　　　　]に保たれ，つりあっている。しかし，人間の活動や[　　　　]災害などによって，環境が大きく変わったりすると，もとの状態にもどらないことがある。

⑧ ある物質が，生物を取り巻く環境よりも高い濃度で体内に蓄積されることを，[　　　　]という。分解できない，あるいは分解しにくい物質を体内にためた生物が，食物連鎖の中で次々に食べられていくと，[　　　　]が進行し，有害な物質の場合は，生物に悪影響を及ぼすことがある。

有害な物質の例：DDTやPCBなど

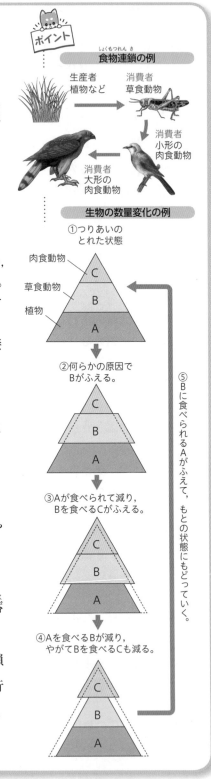

食物連鎖の例

生産者 植物など → 消費者 草食動物

消費者 小形の肉食動物

消費者 大形の肉食動物

生物の数量変化の例

①つりあいのとれた状態

肉食動物 C
草食動物 B
植物 A

②何らかの原因でBがふえる。

③Aが食べられて減り，Bを食べるCがふえる。

④Aを食べるBが減り，やがてBを食べるCも減る。

⑤Bに食べられるAがふえて，もとの状態にもどっていく。

☘ トライ

1 ナス畑にいる生物と，その生物どうしのつながりについて観察した。ナス畑のナスには，アブラムシがたくさんついていた。空を見ると，スズメと，テントウムシのなかまのナナホシテントウが飛んでいた。次の問いに答えなさい。

(1) ナス畑と，そこに生息する生物を1つのまとまりとしてとらえたものを何というか。

[   ]

(2) ナス畑に生息する次の生物を，「食べる・食べられる」の関係のつながり順に，次のア～ウを並べなさい。ただし，最初に食べられるものは，ナスとする。

ア　スズメ　　イ　アブラムシ　　ウ　ナナホシテントウ

ナス→[   ]→[   ]→[   ]

(3) (2)のように，「食べる・食べられる」の関係が，鎖のようにつながっていることを何というか。

[   ]

(4) 畑の外の道で，ナナホシテントウがカエルに食べられているところが観察された。このように，生物は何種類もの生物の間で，(3)のような関係があり，網の目のようにつながっている。このようなつながりを何というか。　[   ]

スズメは，昆虫やイネのなかまの種子を食べるんだ。春は，サクラの花の蜜を吸うこともあるよ。

2 図は，ある草原における，キツネ，ウサギ，シロツメクサの数量の関係を表している。次の問いに答えなさい。

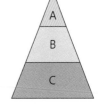

(1) 草食動物と肉食動物を，A～Cからそれぞれ選びなさい。

草食動物[   ]　　肉食動物[   ]

(2) A～Cは，それぞれ生産者と消費者のどちらか。

A[   ]　B[   ]　C[   ]

(3) この草原のキツネを捕まえて，数量を減らした。このとき，最初は数量が増加するものを，図のA，B，Cから選びなさい。　[   ]

(4) (3)のあとに，数量が減少するものを，図のA，B，Cから選びなさい。　[   ]

(5) (3)，(4)のあと長い時間がたつと，A，B，Cの数量はふつうどうなるか。次のア～オから選びなさい。　[   ]

ア 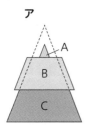　イ 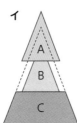　ウ 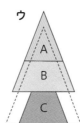　エ 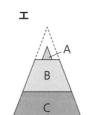　オ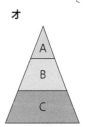

☘ チャレンジ

有害な物質が高い濃度で体内に蓄積される「生物濃縮」のしくみを，簡単に説明しなさい。

[   ]

25 物質の循環

✎ チェック

空欄をうめて,要点のまとめを完成させましょう。

【生物の遺骸のゆくえ】

① 生態系には,生物の遺骸や排出物などの有機物を無機物にまで分解するはたらきにかかわる
　〔　　　　　　　〕がおり,これを特に〔　　　　　　　〕という。

② 落ち葉やくさった植物,動物の遺骸やふんなどを食べる,土の中の小動物は,分解者である。また,土の中などにいる,肉眼で見ることができない微小な生物である〔　　　　　　　〕も,分解者である。

③ 微生物には,カビやキノコなどのなかまの〔　　　　　　　〕や,乳酸菌や大腸菌などのなかまの〔　　　　　　　〕がいる。

④ 土の中の微生物は,土の中の小動物が食べ残した有機物を,〔　　　　　　　〕にまで分解するはたらきをしている。

【炭素と酸素の循環】

⑤ 炭素や酸素は,〔　　　　　　　〕や無機物に形を変えながら,生態系を〔　　　　　〕している。

⑥ 生産者である植物は,無機物である
　〔　　　　　　　　　〕と水を吸収し,
　〔　　　　　　　〕によってデンプンなどの有機物をつくる。

⑦ 消費者である動物は,生産者がつくった
　〔　　　　　　　〕を直接,または間接的に食べることで取り入れる。

⑧ 分解者である微生物などは,生物の遺骸や〔　　　　　　　〕に含まれる有機物を取り入れる。

⑨ 植物や動物,微生物などの体内では,光合成で放出される酸素を使った〔　　　　　〕によって,有機物を二酸化炭素と水に分解して,生活に必要な〔　　　　　　　　〕を取り出している。

⑩ 〔　　　　　　〕によって放出された二酸化炭素と水は,再び植物に吸収され,〔　　　　　　　〕に使われて有機物になる。

ポイント

土の中の微生物のはたらきを調べる実験

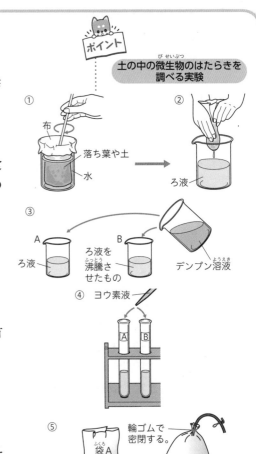

① 布　落ち葉や土　水
② ろ液
③ A ろ液　ろ液を沸騰させたもの B　デンプン溶液
④ ヨウ素液　A B
⑤ 袋A　輪ゴムで密閉する。　ろ液　袋B　ろ液を沸騰させたもの
⑥ 石灰水

Aは,デンプンを別のものに変え,二酸化炭素を出していることから,土の中の微生物は,呼吸を行い,デンプンを分解した。

🖊 トライ

1 土の中の微生物のはたらきを調べる実験を行う。図は、落ち葉や土と水を入れてかき混ぜ、布でこしたろ液を、半分ずつAとBのビーカーに分けたものである。このうち、Bのろ液は沸騰させている。それぞれに同量のデンプン溶液を入れた。❶その一部を、それぞれ袋A、Bに入れ密封し、❷残りのA、Bのビーカーは、ふたをした。次の問いに答えなさい。

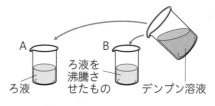

(1) Bのビーカーのろ液は、対照実験である。沸騰させた理由を簡単に説明しなさい。

[   ]

(2) デンプン溶液を入れた2〜3日後に、❷のA、Bのビーカーの液を試験管にとり、ヨウ素液を加えた。A、Bそれぞれの色の変化を答えなさい。

A [   ]　B [   ]

(3) ヨウ素液の色から、デンプンが分解されたのは、A、Bのどちらか。　[   ]

(4) デンプンを入れた2〜3日後に、❶のA、Bの袋の気体を石灰水に通した。このとき、石灰水が白くにごるのは、A、Bのどちらか。　[   ]

> 有機物を無機物に分解する微生物には、菌類や細菌類がいるよ。

(5) 微生物のように、生物の遺骸や排出物を無機物にまで分解する消費者を何というか。　[   ]

2 図は、自然界の物質の循環を表したものである。次の問いに答えなさい。

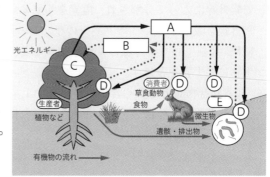

(1) 図のCは、昼間などの光があるときに行われる植物のはたらきである。このはたらきは何か。　[   ]

(2) (1)のはたらきにより、放出されている気体Aと吸収されている気体Bは、それぞれ何か。

A [   ]　B [   ]

(3) (1), (2)より、すべての生物が行っているDのはたらきは何か。　[   ]

(4) 図のEのように、生物の遺骸・排出物を無機物にまで分解するはたらきにかかわる分解者である。分解者に当てはまる生物を、次のア〜オからすべて選びなさい。

ア ヒト　イ ダンゴムシ　ウ イヌワラビ　エ 納豆菌　オ シイタケ

[   ]

🖊 チャレンジ

動物は、取り入れた有機物を、酸素を使った呼吸により、二酸化炭素と水に分解し、エネルギーを取り出している。呼吸により放出された二酸化炭素 (CO_2) 中の炭素 (C) は、その後どのように循環するか。「植物」ということばを使って簡単に説明しなさい。

[   ]

26 自然と人間

✎ チェック

空欄をうめて，要点のまとめを完成させましょう。

【自然環境の調査と保全】

① 石油や石炭などの化石燃料を燃焼させると，窒素酸化物や硫黄酸化物，粉じんなどが排出される。これらが大気中に排出されると，大気［　　　　　］が起こる。

② 大気中の窒素酸化物や硫黄酸化物が硝酸や硫酸になり，大量に雨に溶けこむと，強い酸性を示す［　　　　　　　］になる。また，大気中の窒素酸化物は，太陽光の紫外線の影響で化学変化を起こし，有害な物質に変化する。これが，目やのどを強く刺激する［　　　　　　　　　　　］の原因になる。

③ 産業革命以降，化石燃料の消費による二酸化炭素の排出，二酸化炭素を吸収する森林の伐採などにより，大気中の温室効果ガスである二酸化炭素などの割合が増加し［　　　　　　　　　］が起こっていると考えられている。

④ 冷蔵庫などで使われていた［　　　　　　　　　］は，大気の上空で紫外線によって分解され，塩素を生じる。塩素は，生物に有害な紫外線を吸収する［　　　　　　］のオゾンの量を減少させる。その結果，地表に届く紫外線の量が増加すると，皮膚がんがふえるなど，生物に悪影響を及ぼす。

⑤ 窒素化合物などを多く含む生活排水や工場排水が大量に海や湖沼に流れこむと，植物プランクトンなどが大量発生し，海では［　　　　　］，湖沼では［　　　　　　　］という現象が起こることがある。

⑥ 人間の活動によって他の地域から持ちこまれて野生化し，子孫を残すようになった生物を［　　　　　］種（外来生物），昔からその地域に生息していた生物を［　　　　　］種（在来生物）という。

⑦ 自然環境がもたらす恵みを遠い将来にまで受け渡すために，自然環境を［　　　　　］・再生する取り組みが全国各地で行われている。

【自然災害】

⑧ 日本付近では，［　　　　　］や火山活動が活発であり，台風などの気象現象による災害など，［　　　　　　　］が多い。

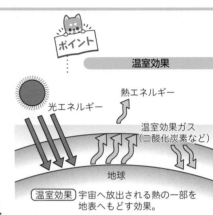

温室効果

光エネルギー　熱エネルギー

温室効果ガス（二酸化炭素など）

地球

（温室効果）宇宙へ放出される熱の一部を地表へもどす効果。

温室効果ガス

おもな温室効果ガスには，二酸化炭素やメタンなどがある。

赤潮とアオコ

赤潮は，ケイソウ類などが大発生し，海水が赤褐色になる現象である。アオコは，ランソウという生物のなかまが大発生し，湖沼などの水が青緑色になる現象である。

外来種の影響

外来種（外来生物）が大量にふえると，在来種（在来生物）を減少させるなど，生態系のつりあいに大きな影響を及ぼす。

解答 ➡ 別冊p.15

1 表1は，水質を知る手がかりになる生物(指標生物)をまとめたものである。また，表2は，ある川のA〜C地点で採集した水生生物の種類と数をまとめたものである。表3は，見つかった指標生物のうち，数の多かった<u>上位2種類を2点</u>とし，<u>それ以外を1点</u>として，水質階級ごとに点数を合計し，最も点数の高い階級をその地点の水質階級としている。あとの問いに答えなさい。

表1

①きれいな水	②少し汚い水 (ややきれいな水)	③汚い水	④たいへん汚い水
カワゲラ類(幼虫) サワガニ	ヤマトシジミ スジエビ	ミズカマキリ タニシ類	アメリカザリガニ ユスリカ類(幼虫)

表2

A地点		B地点		C地点	
種類	採集数	種類	採集数	種類	採集数
スジエビ	5	アメリカザリガニ	3	サワガニ	7
ヤマトシジミ	10	タニシ	5	カワゲラ類(幼虫)	10
ミズカマキリ	3	ユスリカ類(幼虫)	15	スジエビ	3

表3

	A地点	B地点	C地点
①きれいな水			ア
②少し汚い水	2＋2＝4		イ
③汚い水	1	2	
④たいへん汚い水		1＋2＝3	
水質階級の判定	少し汚い水	たいへん汚い水	ウ

(1) 表3のA，B地点を例に，C地点の表を完成させなさい。
　　ア，イには数値を，ウにはことばを書き入れなさい。

(2) 表3の結果から，家庭などからの排水が多い地点は，A〜C地点のどこだと考えられるか。　　　　[　　　　　　]

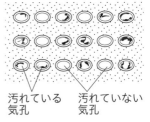

家庭などからの排水が多いところは，川の水も汚れやすいよ。

2 図は，マツの葉の気孔を顕微鏡で観察したものである。汚れている気孔の割合を調べると，交通量の多い場所ほど，その割合が大きかった。次の問いに答えなさい。

汚れている気孔　　汚れていない気孔

(1) 気孔の汚れは，自動車のガソリンの燃焼により排出されるガスが原因だと考えられる。ガソリンは石油からつくられる。石油や石炭などを何燃料というか。　　　　[　　　　　　]

(2) 排気ガスなどには，窒素酸化物や硫黄酸化物が含まれる。このような物質が大量に溶けこむと，強い酸性の雨が降るようになる。この雨を何というか。　　　　[　　　　　　]

(3) 窒素酸化物が，太陽光の紫外線の影響を受けて化学変化を起こすことで有害な物質に変化し，目やのどなどを強く刺激するスモッグを何というか。　　　　[　　　　　　]

チャレンジ ‥‥‥‥‥‥‥‥‥‥‥‥‥‥‥‥‥‥‥‥‥ 解答 ➡ 別冊p.15

国や自治体などが行っている，地震による災害対策の例を2つあげなさい。

[　　　　　　　　　　　][　　　　　　　　　　　]

チェック

空欄をうめて，要点のまとめを完成させましょう。

【さまざまな物質とその利用】

① 天然素材でつくられた繊維を [　　　　　]
という。毛，絹などを [　　　　] 繊維，麻，綿など
を [　　　　] 繊維という。

② 化学的に合成，加工してつくられた繊維を
[　　　　　] という。再生繊維，合成繊維，半
合成繊維，無機繊維の4つに分けられる。

③ 石油などを原料として人工的に合成された物質を
[　　　　　　] (合成樹脂) という。

【おもなエネルギー資源とその利用①】

④ エネルギー資源のうち，大昔に生きていた動植物
の遺骸などの有機物が，数百万年から数億年の長い
年月を経て変化したものを，[　　　　] とよ
ぶ。ウランなどの [　　　　　　] (放射線
を出す物質) も，エネルギー資源として利用されて
いる。

⑤ 発電所では，[　　　　] の中でコイルを回転させ
ると電流が流れる原理を利用して，電気エネルギー
を得ている。

⑥ 化石燃料を燃焼させ，水を高温・高圧の水蒸気に
変えて，発電機のタービンを回す発電方法を，
[　　　　] 発電という。

⑦ ウランなどが核分裂をするときの [　　] エネルギ
ーで水を高温・高圧の水蒸気に変えて，発電機のタ
ービンを回す発電方法を，[　　　　　] 発電とい
う。

⑧ ダムにためた水の [　　　　] エネルギーを利用し
て水車を回す発電方法を，[　　　　] 発電という。

⑨ 化石燃料を燃やすことにより，大気 [　　　　] が起こり健康被害
をもたらしたり，排出される二酸化炭素は，その温室効果により，
[　　　　　　] の原因になると考えられている。

⑩ 放射性物質が出す [　　　　] は，生物や環境に影響を及ぼす
おそれがある。

ポイント

発電方法

火力発電

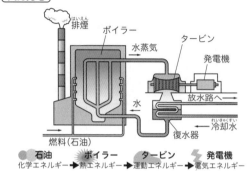

排煙　ボイラー　タービン
水蒸気　発電機
水　放水路へ
冷却水
燃料(石油)　復水器

● 石油　● ボイラー　● タービン　● 発電機
化学エネルギー → 熱エネルギー → 運動エネルギー → 電気エネルギー

原子力発電

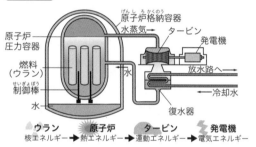

原子炉格納容器
原子炉　水蒸気　タービン
圧力容器　発電機
燃料(ウラン)　放水路へ
制御棒　冷却水
水　復水器

▲ ウラン　● 原子炉　● タービン　● 発電機
核エネルギー → 熱エネルギー → 運動エネルギー → 電気エネルギー

水力発電

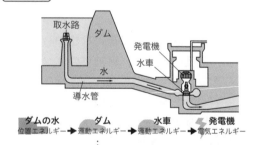

取水路　ダム
発電機
水車
水
導水管

● ダムの水　● ダム　● 水車　● 発電機
位置エネルギー → 運動エネルギー → 運動エネルギー → 電気エネルギー

限りあるエネルギー資源

化石燃料やウランなどは，限り
ある地下資源であり，いつまで
も使い続けられるわけではない。
そのため，新しいエネルギー源
の開発や，いつまでも使い続け
られるエネルギーの利用が推進
されている。

チェックの解答 ①天然繊維，動物，植物　②化学繊維　③プラスチック　④化石燃料，放射性物質　⑤磁界　⑥火力
⑦核，原子力　⑧位置，水力　⑨汚染，地球温暖化　⑩放射線

解答 ➡ 別冊p.15

✏️ トライ

1 さまざまな物質とその利用について，次の問いに答えなさい。

(1) 繊維について，次の①〜③に答えなさい。

① 天然繊維のうち，植物繊維に当てはまるものを，次のア〜エから選びなさい。

ア レーヨン　　イ コットン　　ウ ウール　　エ シルク　　　［　　　］

② 化学繊維のうち，PETボトルからリサイクルしてつくることができるものを，次のア〜エから選びなさい。

ア ポリエステル　　イ ガラス繊維　　ウ スチール繊維　　エ レーヨン　［　　　］

③ PETボトルのPETは略称である。正式な名称を，カタカナ13字で答えなさい。

［　　　　　　　　　　　　　　　　　　　　　　　　　　　　　　　　　　　　］

(2) PETは，プラスチック(合成樹脂)の一種である。プラスチックは，何を原料として人工的に合成されているか。　　　　　　　　　　　　　　　　　　　　　　［　　　　　　　］

(3) プラスチックの性質について，正しくないものを，次のア〜エから選びなさい。

ア 軽い。　　　　　イ 熱すると溶ける。
ウ さびない。　　　エ くさる。　　　　　　　　　　　　　　　　　［　　　］

> プラスチックは，自然状態では，分解されないんだよ。

2 発電について，次の問いに答えなさい。

(1) 火力発電について，次の①〜③に答えなさい。

① 火力発電の燃料には，石油や石炭などが利用される。このような燃料を何燃料というか。

［　　　　　　　　　］

② ①を燃焼させると発生する温室効果ガスを答えなさい。　［　　　　　　　　　］

③ 火力発電は，どのようなエネルギーを変換させていくことで，電気エネルギーを得ているか。変換順に，次のア〜ウを並べなさい。

ア 運動エネルギー　　イ 化学エネルギー　　ウ 熱エネルギー

［　　　→　　　→　　　］→電気エネルギー

(2) 水力発電について，次の①〜③に答えなさい。

① 水力発電は，ダムに水をためることで，エネルギーを得ている。このダムに水をためたときのエネルギーは，何エネルギーか。　　　　　［　　　　　　　　　］

② 水が水車を回すときのエネルギーを何というか。　［　　　　　　　　　］

③ 水力発電の問題点として当てはまるものを，次のア〜エから選びなさい。

ア 窒素酸化物が発生する。　　　イ 硫黄酸化物が発生する。
ウ 自然環境が変わる。　　　　　エ 水害が起きやすくなる。　　　　［　　　］

(3) 原子力発電の燃料には，放射線を出すウランが使われる。ウランのように放射線を出す物質を何というか。　　　　　　　　　　　　　　　　　　　　　　［　　　　　　　　　］

〉〉 チャレンジ

解答 ➡ 別冊p.15

火力発電や原子力発電には燃料が必要であるが，これらの燃料には限りがある。この課題解決のために，どんな取り組みが行われているか。簡単に説明しなさい。

［

］

28 科学技術と人間②

✓ チェック

空欄をうめて，要点のまとめを完成させましょう。

【おもなエネルギー資源とその利用②】

① 放射線を出す物質を放射性物質といい，放射性物質が放射線を出す性質（能力）を [　　　　　] という。

② 放射線とは，原子から出る高速の粒子の流れや，X 線や γ 線などの [　　　　　] の総称である。高速の粒子がヘリウムの原子核なら α 線，電子なら β 線，中性子なら [　　　　　] とよばれる。

③ 放射線には，[　　　　] 放射線と人工放射線がある。人工放射線は，農業や医療，工業などで利用されている。

④ 放射線の単位として，[　　　　　]（記号 Bq），シーベルト（記号 Sv），グレイ（記号 Gy）がよく使われる。

【再生可能エネルギー】

⑤ いつまでも利用でき，環境を汚すおそれがないエネルギーを，[　　　　　] エネルギーという。

⑥ 再生可能エネルギーには，カーボンニュートラルな [　　　　　] 発電などがある。

【科学技術の発展と利用】

⑦ 産業革命が起こり，その後，エンジンやモーターが発明され，それらの発展に伴って，速く大量に輸送できるようになり，[　　　　　] の消費量が急増した。また，現在，情報・[　　　　] 技術の進歩が進んでいる。

⑧ 環境の保全と開発のバランスがとれ，将来の世代が持続的に環境を利用する余地を残している社会を，[　　　　] な社会という。

⑨ 資源の消費量を減らして再利用を進め，資源を循環させるような社会を [　　　　　] 社会という。また，環境への影響を考慮して製品を評価する方法をライフサイクルアセスメント（[　　　　]）という。

ポイント

放射線の種類

放射線を出す原子核

α 線（He の原子核の流れ）

β 線（電子の流れ）

γ 線（電磁波）

中性子線（中性子の流れ）

陽子

中性子

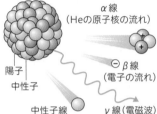

再生可能エネルギーを利用した発電

太陽光発電，風力発電，地熱発電，バイオマス発電，燃料電池など。

カーボンニュートラル

バイオマスは，もともと植物が光合成によって大気中の二酸化炭素を取りこんだものなので，バイオマスを燃料として使用した場合は，大気中の二酸化炭素の増加の原因とはならない。この性質はカーボンニュートラルとよばれている。

循環型社会を実現するための取り組み

リデュース，リユース，リサイクルがある。

リサイクル

アルミニウム缶のリサイクルが最もエネルギーを節約できる。

古紙 25～30%
ガラスびん 80～85%
スチール缶 35%
アルミニウム缶 3%

リサイクルした場合に必要なエネルギー　原料からつくった場合に必要なエネルギー

チェックの解答 ①放射能 ②電磁波，中性子線 ③自然 ④ベクレル ⑤再生可能 ⑥バイオマス ⑦エネルギー，通信 ⑧持続可能 ⑨循環型，ＬＣＡ

1 原子から出る高速の粒子の流れや電磁波である放射線について，次の問いに答えなさい。

(1) 自然界に存在する自然放射線のうち，α線，β線，中性子線は，どんな粒子の流れか。次のア〜エからそれぞれ選びなさい。

ア 陽子　　イ 中性子　　ウ 電子　　エ 原子核

α線 [　　]　　β線 [　　]　　中性子線 [　　]

(2) 自然放射線に対して，クルックス管で発生させるX線のような放射線を何というか。

[　　　　　　]

(3) X線には透過性があり，医療で利用されている。X線の発見者の名にちなんでつけられた，胸のX線撮影の検査を，何検査というか。 [　　　　　]

(4) (3)の検査での1回の放射線量は約0.1ミリシーベルトである。このシーベルト(Sv)の単位の意味を，次のア〜ウから選びなさい。

ア 放射線によって，人体にどれだけ影響があるかを表す。

イ 放射性物質がどれだけ放射線を出す能力があるかを表す。

ウ 物質や人体が受けた放射線のエネルギーの大きさを表す。 [　　]

2 持続可能な社会について，次の問いに答えなさい。

(1) 科学技術によって新たな資源が開発されたとしても，資源には限りがあるため，循環型社会を構築する必要がある。その実現のため，廃棄物の発生を抑制する取り組みを，次のア〜ウから選びなさい。

ア リサイクル　　イ リデュース　　ウ リユース [　　]

(2) 資源の減少や環境汚染の心配から，太陽光やバイオマスなどを利用した発電が行われている。このような発電により取り出されるエネルギーを何というか。

[　　　　　　]

(3) バイオマスを利用しても，大気中の二酸化炭素の増加の原因にはならないという考えを，カーボンニュートラルという。これは，バイオマスのもととなる生物のどんなはたらきによるからか。そのはたらきを漢字3字で答えなさい。 [　　　　　]

(4) 太陽光発電の問題点を，次のア〜ウから選びなさい。

ア 騒音が発生する。　　イ 電圧が高すぎる。　　ウ 天候に左右される。 [　　]

(5) エネルギー資源を有効に利用するしくみとして，コージェネレーションシステムがある。これは，燃料による発電で発生する，どんなエネルギーを再利用するものか。

[　　　　　　]

3 最新の科学技術のうち，ナノテクノロジーについて，次の問いに答えなさい。

(1) ナノの意味を，次のア〜ウから選びなさい。

ア 10万分の1　　イ 10億分の1　　ウ 10兆分の1 [　　]

(2) カーボンナノチューブの特徴を，次のア〜ウから選びなさい。

ア くさりやすい。　　イ 電気を通しやすい。　　ウ 熱を通しにくい。 [　　]

チャレンジ .... 解答 ➡ 別冊p.15

人工知能(**AI**)の特徴を，「データ」，「判断」ということばを使って簡単に説明しなさい。

[

1 図は，生態系を表している。次の問いに答えなさい。

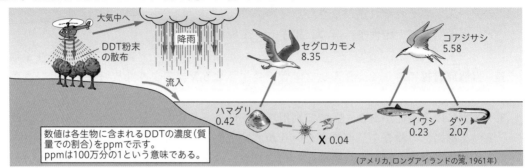

数値は各生物に含まれるDDTの濃度（質量での割合）をppmで示す。ppmは100万分の1という意味である。

（アメリカ，ロングアイランドの湾，1961年）

(1) 図で，Xは，水中を浮遊する小さな生物である。これらのうち，生産者となるほうを，特に何というか。 〔　　　　　　　　〕

(2) (1)の生産者となる小さな生物が，太陽光を利用して行うはたらきを何というか。
〔　　　　　　　　〕

(3) Xとハマグリ，ハマグリとセグロカモメは，「食べる・食べられる」という関係でつながっている。このつながりを何というか。 〔　　　　　　　　〕

(4) X，イワシ，ダツ，コアジサシは，(3)のつながりが複雑にからみあっている。このような複雑なつながりを何というか。 〔　　　　　　　　〕

(5) この生態系は海である。海へ窒素化合物などを含む水が大量に流れこむと，(1)のXが大量発生する。この現象を何というか。 〔　　　　　　　　〕

(6) 図で，含まれるDDTの濃度は，セグロカモメでは，Xの何倍か。四捨五入して整数で答えなさい。 〔　　　　　　　　〕

(7) (6)で求めたように，「食べる・食べられる」という関係のつながりで，分解しにくい物質が体内に高い割合で次々に蓄積されていくことを何というか。 〔　　　　　　　　〕

2 図は，酸素と二酸化炭素に注目して，物質循環を表したものである。次の問いに答えなさい。

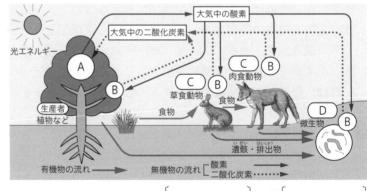

(1) 図のA，Bは，酸素と二酸化炭素に関係した，生物のはたらきである。そのはたらきをそれぞれ答えなさい。

A〔　　　　　　　〕　B〔　　　　　　　〕

(2) Bのはたらきは，酸素を利用して，生活に必要な何を取り出しているか。
〔　　　　　　　　〕

(3) 図のC，Dは，生態系での生物の役割を表している。植物などが生産者の場合，C，Dの役割はそれぞれ何か。ただし，微生物には，Cの役割もあるが，Dはそれとは別の役割である。 C〔　　　　　　　〕　　D〔　　　　　　　〕

3 図は，地球温暖化に関するエネルギーの流れを模式的に表したものである。次の問いに答えなさい。

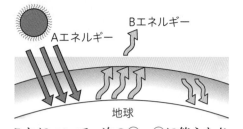

(1) 太陽からのエネルギーと，宇宙へ放出されているA，Bのエネルギーをそれぞれ何というか。

A〔　　　　　　　　〕　B〔　　　　　　　　〕

(2) 地球温暖化は，Bのエネルギーの一部が，宇宙へ放出されずに，地表にもどされることが原因である。これについて，次の①〜③に答えなさい。

① Bのエネルギーを地表にもどすはたらきには，大気中の気体Xが影響している。気体Xのような，地球の平均気温の上昇に効果を及ぼす気体を，まとめて何というか。

〔　　　　　　　　　　　〕

② ①の気体には，もともと量の多かった水蒸気なども含まれる。しかし，地球温暖化には，産業革命以降，化石燃料の大量消費により割合が急上昇したある気体の影響が大きいといわれている。この気体は何か。

〔　　　　　　　　　　　〕

③ ②の気体は，生産者である植物に吸収される。しかし，近年その吸収量は減っている。その理由として最も当てはまるものを，次のア〜エから選びなさい。

ア 砂漠の緑地化　　イ 化石燃料の採掘　　ウ 水質汚濁　　エ 森林伐採　〔　　　〕

(3) (2)の①の気体には，フロンガスも含まれる。近年，フロンガスが紫外線によって分解されてできた塩素が，太陽から降りそそがれる紫外線を吸収する層を破壊するといわれている。この紫外線を吸収する大気中の層を何というか。

〔　　　　　　　　　　　〕

4 図は，おもなエネルギー資源の可採年数（2017年）を示している。限られた資源の利用について，次の問いに答えなさい。

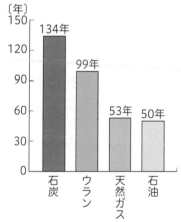

(1) 図の資源のうち，原子力発電に利用される資源を答えなさい。

〔　　　　　　　〕

(2) 図から，可採年数が最も長いのは，石炭である。資源のうち石炭は安価であるが，発電に利用することで排出される気体が問題になっている。この排出される気体は何か。

〔　　　　　　　〕

(3) 石炭を使った発電は問題視されているが，一方では，問題となる気体の排出量を抑える技術や，少ない資源でも効率よく発電する技術の開発も進められている。このような技術開発とともに，環境保全と開発のバランスを保ち，将来の世代が持続的に環境を利用する余地を残した社会を構築する必要もある。このような社会を何というか。

〔　　　　　　　　　　　〕

(4) 限られた資源のうち，資源の消費量を減らす方法として，リサイクルがある。リサイクル可能なもののうち，リサイクルする際に，最もエネルギーを節約できるものを，次のア〜エから選びなさい。

ア スチール缶　　イ アルミニウム缶　　ウ 古紙　　エ ガラスびん　〔　　　〕

(5) (4)のようなリサイクルなどの取り組みが行われている社会を何というか。

〔　　　　　　　　　　　〕

❶ 図は，タマネギの根の先端の細胞を，顕微鏡で観察したもののスケッチである。次の問いに答えなさい。(4点×3−12点)

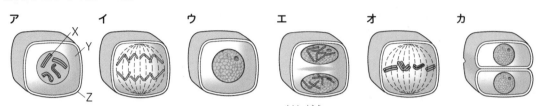

(1) タマネギの細胞を見やすくするために用いる染色液を1つ答えなさい。

[　　　　　　　　　]

(2) (1)の染色液で，よく染まる部分は，図のアのX〜Zのどの部分か。　　[　　]

(3) 図のア〜カを，カを最後にして細胞分裂の順に並べなさい。

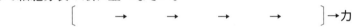

[　　　→　　　→　　　→　　　]→カ

❷ カエルについて，次の問いに答えなさい。(4点×3−12点)

(1) 有性生殖を行うカエルの細胞には，染色体の数が異なるものがある。カエルの成体の皮膚細胞と染色体の数が同じ細胞を，次のア〜ウから選びなさい。
　　ア 精子　　イ 受精卵　　ウ 卵　　　　　　　　　　　　　[　　]

(2) カエルの成体の皮膚の特徴を，次のア〜ウから選びなさい。
　　ア うろこでおおわれている。　　イ 乾燥している。　　ウ 呼吸を行う。　　[　　]

(3) カエルは，ふつう水中に卵をうむ。その理由を，卵の特徴を含めて簡単に説明しなさい。
[　　　　　　　　　　　　　　　　　　　　　　　　　　　　　　]

❸ 図のような装置に電圧を加えたところ，豆電球がついた。次の問いに答えなさい。(4点×5−20点)

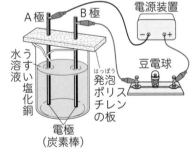

(1) 図のA極とB極で，陽極はどちらか。　　[　　　　]

(2) 図のA極とB極では，どのような変化が起こるか。次のア〜エからそれぞれ選びなさい。
　　ア 水素が発生する。　　イ 塩素が発生する。
　　ウ 炭素棒が溶け出す。　　エ 銅が付着する。

A極[　　]　　B極[　　]

(3) 塩化銅が水溶液中で電離しているときのようすを，化学式を使って式で表しなさい。

$CuCl_2 \longrightarrow$ [　　　　] + [　　　　]

❹ うすい水酸化ナトリウム水溶液にBTB溶液を加えたところ，青色になった。これにうすい塩酸を加えていく。次の問いに答えなさい。(4点×2−8点)

(1) 塩酸を加えていくと，溶液の色が緑色になった。このときの溶液は，何性か。

[　　　　　　　　　　]

(2) 緑色のこの溶液中にあるイオンを，次のア〜エからすべて選びなさい。
　　ア Na^+　　イ OH^-　　ウ H^+　　エ Cl^-　　　　　　[　　　　]

❺ 図のように，ばねばかりにつるした5Nのおもりを水中に沈めていく。次の問いに答えなさい。ただし，おもりをつるす糸の重さは考えないものとする。(4点×4-16点)

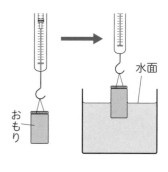

(1) おもり全体を水中に沈めたとき，ばねばかりは3Nを示した。このときの浮力の大きさは何Nか。　〔　　　　　　〕

(2) おもりを沈めていくと，おもりは水底に接し，浮き上がることはなかった。このときの浮力の大きさは何Nか。

〔　　　　　　〕

(3) おもりの底面が水面にちょうど接するところから，3秒かけて15cm上に引き上げた。このとき，おもりにした仕事率は何Wか。　〔　　　　　　〕

(4) (3)のように15cm引き上げたが，糸が切れて，おもりが落下した。このとき，おもりの落下の速さと時間の関係はどうなるか。次のア〜ウから選びなさい。

ア　水底に達するまで，速さは時間に比例している。

イ　水面までは速さは時間に比例しているが，水面に達すると速さのふえ方が小さくなる。

ウ　水面までは速さは時間に比例しているが，水面に達すると速さは一定になる。

〔　　　　　　〕

❻ 日本のある地点で，2020年1月28日の夜空を観察した。次の問いに答えなさい。(4点×4-16点)

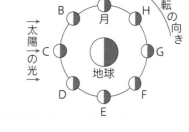

図1

(1) 午後6時に三日月が観察された。地球から三日月に見える月の位置を，図1のA〜Hから選びなさい。　〔　　　〕

(2) 午後6時には，三日月の見える方向には，金星も観察できた。これについて，次の①，②に答えなさい。

① 三日月と金星が観察できる方位を，東西南北で答えなさい。　〔　　　〕

② このとき観察される金星の形を，図2のア〜エから選びなさい。　〔　　〕

図2

(3) この日の午後8時にオリオン座が南中した。1か月後の2月28日にオリオン座が南中する時刻を答えなさい。　〔　　　　　　〕

❼ プラスチックの原料には，化石燃料の石油と，生物資源のトウモロコシなどがある。次の問いに答えなさい。(4点×4-16点)

(1) 下線の生物資源には別の名称もある。この別の名称をカタカナ5文字で答えなさい。

〔　　　　　　　　　　〕

(2) プラスチックのうち，PETに当てはまる性質を，次のア〜エから選びなさい。

ア　薬品に弱い　　イ　不透明　　ウ　丈夫　　エ　密度が1g/cm³未満　〔　　　〕

(3) プラスチックには，腐らないという環境にかかる負担が大きい性質がある。そこで考えられたものが，生分解性プラスチックである。次の生分解性プラスチックの説明文の①，②に当てはまることばを，それぞれ答えなさい。

　　生分解性プラスチックは，土中で分解者である　①　により　②　にまで分解される。

①〔　　　　　　〕　②〔　　　　　　〕

初版
第 1 刷　2021 年 4 月 1 日　発行

●編　者
　　数研出版編集部
●カバー・表紙デザイン
　　有限会社アーク・ビジュアル・ワークス

発行者　星野　泰也

ISBN978-4-410-15357-0

チャート式®シリーズ　中学理科　3年　準拠ドリル

発行所　数研出版株式会社

〒101-0052 東京都千代田区神田小川町 2 丁目 3 番地 3
　　　　　　　　　　〔振替〕00140-4-118431
〒604-0861 京都市中京区烏丸通竹屋町上る大倉町205番地
〔電話〕代表 (075) 231-0161
ホームページ　https://www.chart.co.jp
印刷　河北印刷株式会社
　　乱丁本・落丁本はお取り替えいたします　210301

3年

準拠ドリル

答えと解説

1 生物の成長と細胞の変化

トライ →本冊p.5

1 (1)エ　(2)A：イ　B：ア　C：ウ
(3)成長点

2 (1)酢酸オルセイン液(酢酸カーミン液)
(2)D　(3)ウ→カ→エ→イ→オ
(4)染色体　(5)16本

解説

1 (1) 根の先端付近で細胞分裂が盛んに行われ, 根が伸びるので, 印の間隔が広くなる。
(2) 根の先端付近には細胞分裂の途中の細胞(ウ)が見られる。根もとに近づくにつれて, 分裂した細胞が大きくなる。

くわしく！ 根の成長のようす ……………… チャート式シリーズ参考書 >>p.9

2 (3) 核の形が消え, 染色体が現れ(ウ), 細胞の中央に集まる(カ)。その後, 染色体は細胞の両端に移動し(エ), 2つの核になる(イ→オ)。
(5) 細胞分裂の前後で染色体の数は変わらない。

くわしく！ 体細胞分裂のようす ……… チャート式シリーズ参考書 >>p.12

チャレンジ →本冊p.5

細胞分裂によって細胞の数がふえるとともに, それぞれの細胞の体積が大きくなる。

解説

細胞分裂直後の細胞は小さいが, しだいに大きくなり, もとの細胞と同じ大きさになる。

くわしく！ 成長のしくみ ……………………… チャート式シリーズ参考書 >>p.10

2 生物のふえ方

トライ →本冊p.7

1 (1)生殖細胞　(2)受精卵　(3)胚
(4)エ→イ→ア→ウ　(5)発生

2 (1)有性生殖　(2)減数分裂
(3)卵：6本　精子：6本　子の細胞：12本
(4)ウ

解説

1 (1) 植物の卵細胞や精細胞も生殖細胞である。
(4) 受精卵は細胞分裂をくり返して細胞の数がふえ, やがてからだの形ができてくる。

くわしく！ 動物の有性生殖 ………… チャート式シリーズ参考書 >>p.15

2 (1) 卵(卵細胞)と精子(精細胞)が受精するのは有性生殖。
(2), (3) 減数分裂によってできる細胞は, 染色体の数がもとの細胞の半分になる。受精卵(子)は両方の親から半数ずつの染色体を受けつぐので, 子の染色体の数は親と同じになる。

くわしく！ 減数分裂 …………………… チャート式シリーズ参考書 >>p.18

チャレンジ →本冊p.7

解説

受精卵(子)は, 母親と父親から染色体を半分ずつ受けつぐ。

くわしく！ 減数分裂と受精での染色体の受けつがれ方
……………… チャート式シリーズ参考書 >>p.18

3 遺伝の規則性と遺伝子

トライ →本冊p.9

1 (1)赤色
(2)①自家受粉
②RR, Rr
③3：1

2 (1)潜性(の)形質
(2)①エ　②オ
(3)DNA

解説

1 (1) 対立形質をもつ純系どうしをかけ合わせたとき, 子に現れる形質を顕性(の)形質という。
(2)②③ 孫の代の遺伝子の組み合わせとその比は, RR：Rr：rr＝1：2：1となる。遺伝子の組み合わせがRRとRrの個体は赤花, rrの個体は白花をさかせる。

くわしく！ 子から孫への遺伝子の伝わり方
……………… チャート式シリーズ参考書 >>p.27

2 (2) ①は遺伝子Aと遺伝子aを受けつぎ, ②は遺伝子aと遺伝子aを受けつぐ。

チャレンジ →本冊p.9

減数分裂によって, 分かれて別々の生殖細胞に入ること。

解説

親の体細胞にある遺伝子は, 2本が1つの対になっているが, 生殖細胞では1本ずつに分かれる。

❹ 生物の種類の多様性と進化

トライ ➡本冊p.10

1 (1)A：胞子　B：種子
　　(2)イ　　(3)進化
2 (1)背骨　　(2)殻　　(3)胎生
　　(4)ウ　　(5)魚類
3 (1)コウモリ：翼　クジラ：ひれ　ヒト：腕
　　(2)コウモリ：イ　クジラ：ウ　ヒト：ア
　　(3)イ
　　(4)相同器官

解説

1 (2) 裸子植物は子房がなく，胚珠がむき出しになっている。被子植物は子房の中に胚珠がある。

くわしく！ 植物の歴史 ……………… チャート式シリーズ参考書 ≫p.30

2 (2) 卵の殻は，中身を乾燥から防ぐはたらきをしている。

3 (2) それぞれの動物の生活環境に合うはたらきをする。

くわしく！ 相同器官 ……………… チャート式シリーズ参考書 ≫p.31

チャレンジ ➡本冊p.11

　基本的なつくりが同じで，起源は同じものであったと考えられる器官。

解説

　相同器官は，共通の祖先から進化したことを示す証拠と考えられる。

くわしく！ 相同器官 ……………… チャート式シリーズ参考書 ≫p.31

確認問題① ➡本冊p.12

1 (1)ウ　　(2)細胞分裂　　(3)核
　　(4)①イ　　②ウ　　③ア
2 (1)減数分裂　　(2)9本
　　(3)精細胞　　(4)卵細胞
　　(5)胚　　(6)18本
3 (1)①ウ　　②オ
　　(2)①ア　　②イ
　　(3)丸　　(4)エ
4 (1)A：鳥類　　B：ホニュウ類
　　　C：ハチュウ類　　D：魚類
　　(2)乾燥
　　(3)X：えら　　Y：肺

解説

1 (1)(2) 根の先端付近では，細胞分裂が盛んに行われている。このため，細胞分裂のときに現れる染色体を観察しやすい。
　(3) 核や染色体は，酢酸オルセイン液などの染色液でよく染まる。

2 (1) 細胞分裂のうち，体細胞から体細胞ができる分裂を体細胞分裂，生殖細胞ができるときの分裂を減数分裂という。
　(2)(6) 減数分裂でできる生殖細胞の染色体数は，体細胞の半分になっている。よって，体細胞の染色体数が18本の場合，生殖細胞では染色体数は9本になる。生殖細胞どうしが受精すると，9＋9＝18（本）となり，染色体数は18本にもどる。
　(3)〜(5) 花粉管の中の精細胞（X）と胚珠の中の卵細胞（Y）が受精した受精卵が，体細胞分裂をくり返すことで，胚（Z）ができる。

3 (1)(2) 種子を丸にする形質をもつ純系のエンドウXの遺伝子の組み合わせはＡＡ，種子をしわにする形質をもつ純系のエンドウYの遺伝子の組み合わせはａａである。Xの生殖細胞の遺伝子はＡ，Yの生殖細胞の遺伝子はａとなる。
　(3)(4) 子の種子がすべて丸になったため，顕性形質は丸とわかる。XからＡ，Yからａを受けつぐので，子の遺伝子の組み合わせはＡａとなる。

4 (1)(2) ホニュウ類（B）は，子が母親の子宮内である程度育ってからうまれる胎生である。一方，鳥類（A）とハチュウ類（C）は殻のある卵を陸上に，両生類，魚類（D）は殻のない卵を水中にうむ。殻のある卵は，乾燥にたえられる。
　(3) 両生類は，子はえらと皮膚で，親は肺と皮膚により呼吸を行う。

5 電流が流れる水溶液

トライ ➡本冊 p.15

1 (1)電解質：イ，エ

非電解質：ア，ウ

(2)物質名：塩素

化学式：Cl_2

(3)物質名：銅

化学式：Cu

(4)電極 A

2 (1)塩化水素

(2)①水素　　②水

(3)塩素

(4)$2HCl \longrightarrow H_2 + Cl_2$

解説

1 (1)　果物の汁と水酸化ナトリウム水溶液には，電解質が溶けている。エタノールと砂糖は，非電解質である。

(2)(3)　塩化銅水溶液を電気分解すると，電源の＋極とつながった電極 A からは，気体の塩素(Cl_2)が発生する。一方，電源装置の－極とつながった電極 B には，金属の銅(Cu)が付着する。

くわしく！ 塩化銅水溶液の電気分解

　　　　　　　　　　　　　 チャート式シリーズ参考書 ≫p.38

(4)　電源の－極を電極 A につなぐと，電極 A には銅が付着するようになる。また，＋極につながった電極 B からは，塩素が発生するようになる。

2 (1)　塩酸は，気体の塩化水素(HCl)を水に溶かした水溶液である。

(2)①　電源装置の－極につながった電極 C からは，気体の水素(H_2)が発生する。

②　水素が燃えると酸素と結びついて，水ができる。

(3)　電源装置の＋極につながった電極 D からは，気体の塩素(Cl_2)が発生する。

チャレンジ ➡本冊 p.15

発生した気体は塩素であり，水に溶けやすい性質があるから。

解説

塩化水素を電気分解して発生した水素は水に溶けにくく，塩素は水に溶けやすい。

くわしく！ 塩酸の電気分解 ………… チャート式シリーズ参考書 ≫p.39

6 原子とイオン

トライ ➡本冊 p.17

1 (1)A：名称　陽子　　電気　＋

B：名称　電子　　電気　－

(2)電子核　　(3)＋　　(4)いない。

2 ①H^+　　②Ca^{2+}　　③銀イオン

④Zn^{2+}　　⑤アンモニウムイオン

⑥水酸化物イオン　　⑦NO_3^-

⑧硫化物イオン

3 (1)H^+　　(2)OH^-　　(3)Cu^{2+}　　(4)$2H^+$

解説

1 (1)　原子は，＋の電気をもつ陽子，電気をもたない中性の中性子，－の電気をもつ電子からなる。

(2)(3)　陽子と中性子からなる原子核は，＋の電気をもつ陽子があるので，＋の電気をもつ。

(4)　＋の電気をもつ陽子が 2 個，－の電気をもつ電子が 2 個あるから，電気を帯びていない。

くわしく！ ヘリウム原子の構造 ……… チャート式シリーズ参考書 ≫p.41

2　イオンにはほかに，カリウムイオン(K^+)，マグネシウムイオン(Mg^{2+})，炭酸イオン(CO_3^{2-})などがある。

くわしく！ イオンを表す化学式 ……… チャート式シリーズ参考書 ≫p.43

3 (3)(4)　矢印の左右の原子の数を同じにする。

$CuCl_2 \longrightarrow Cu^{2+} + 2Cl^-$

$H_2SO_4 \longrightarrow 2H^+ + SO_4^{2-}$

くわしく！ 電離を表す式 ……… チャート式シリーズ参考書 ≫p.44

チャレンジ ➡本冊 p.17

電解質の水溶液中には，電離してできたイオンが存在するから。

解説

電解質の水溶液中には，電離してできた陽イオンと陰イオンがあるから，電流が流れる。

くわしく！ 電離 ………………………… チャート式シリーズ参考書 ≫p.44

7 金属のイオンへのなりやすさ

トライ ➡本冊 p.19

1 (1)水素　　(2)H_2　　(3)H^+，Cl^-

(4)①Mg^{2+}，2　　②H^+，H_2

2 (1)物質名：銀　　化学式：Ag

(2)青色　　(3)銅イオン　　(4)2 個　　(5)銅

解説

1 (1)(2)　$Mg+2HCl \longrightarrow MgCl_2+H_2$

マグネシウムにうすい塩酸を加えると，塩化マグネシウムができ，水素が発生する。

(3)(4)　$HCl \longrightarrow H^+ + Cl^-$になっているから，水素分子になるには，水素イオンはマグネシウム原子から電子を受け取る必要がある。

$Mg \longrightarrow Mg^{2+} + \underline{2e^-}$　　　$2H^+ + \underline{2e^-} \longrightarrow H_2$

マグネシウム原子から2個の電子を受け取り，2個の水素イオンは水素分子になる。

> **くわしく！**　イオンへのなりやすさ ···· チャート式シリーズ参考書 ≫p.49

2 (1)　硝酸銀水溶液では，硝酸銀が次のように電離している。

$AgNO_3 \longrightarrow Ag^+ + NO_3^-$

硝酸銀水溶液に銅線を入れると，水溶液中の銀イオン(Ag^+)が電子を1個受け取り，銀原子(Ag)となって現れる。

(2)~(4)　硝酸銀水溶液中の銅(Cu)は，電子2個を失い，銅イオン(Cu^{2+})となり水溶液中に溶け出す。銅イオンがあると，水溶液は青色になる。

(5)　銀が現れ，銅がイオンになることから，銀よりも銅のほうがイオンになりやすいことがわかる。

> **くわしく！**　銅と銀のイオンへのなりやすさ
> ·················· チャート式シリーズ参考書 ≫p.52

チャレンジ　➡本冊p.19

亜鉛は銅よりもイオンになりやすいから，銅イオンが銅原子になり，青色がうすくなった。

解説

$Mg>Zn>Fe>Cu>Ag$の順に，イオンになりやすい。

8 電池のしくみ

トライ　➡本冊p.21

1 (1)硫酸イオン
(2)イ　　(3)亜鉛板
(4)亜鉛板：ア　　銅板：イ，エ
(5)亜鉛
(6)Zn，Zn^{2+}

2 (1)二次電池(蓄電池)
(2)化学エネルギー

解説

1 (1)(2)　硫酸亜鉛水溶液中には亜鉛イオンと硫酸イオンが，硫酸銅水溶液中には銅イオンと硫酸イオンがある。この電池は，セロハンを通して，イオンが自由に移動できるようになっている。

(3)　銅に比べ電子を失いイオンになりやすい亜鉛と−極をつながないと，電流は流れない。

(4)~(6)　−極の亜鉛板では，亜鉛が電子を2個失いイオンになり溶け出す。$Zn \rightarrow Zn^{2+}+2e^-$
＋極の銅板では，硫酸銅水溶液中の銅イオンが電子を2個受け取り銅原子になり銅板に付着する。銅イオンが少なくなるので，硫酸銅水溶液の青色はうすくなる。$Cu^{2+}+2e^- \longrightarrow Cu$

> **くわしく！**　ダニエル電池のしくみ ···· チャート式シリーズ参考書 ≫p.55

2 (1)　二次電池は，蓄電池ともいう。

(2)　一次電池も二次電池も，化学エネルギーを電気エネルギーに変えて利用している。

> **くわしく！**　一次電池と二次電池 ······· チャート式シリーズ参考書 ≫p.56

チャレンジ　➡本冊p.21

水だけが生じて，有害な物質が出ないから。

解説

水素と酸素が反応してできる水は，環境に有害な物質ではない。

> **くわしく！**　燃料電池 ····················· チャート式シリーズ参考書 ≫p.56

9 酸・アルカリ

トライ　➡本冊p.23

1 (1)中性
(2)①黄色　　②無色(のまま)
(3)①青色　　②赤色
(4)①緑色(のまま)　　②無色(のまま)
(5)水酸化バリウム水溶液

2 (1)エ　　(2)赤色リトマス紙
(3)−の電気　　(4)OH^-

解説

1 (2)~(4)　硫酸は酸性，水酸化バリウム水溶液はアルカリ性，食塩水は中性である。

> **くわしく！**　酸性・アルカリ性の水溶液の性質
> ····························· チャート式シリーズ参考書 ≫p.61

2 (3)(4) リトマス紙の色の変わった部分が陽極側に移動したのは，－の電気を帯びたOH^-が移動したためであり，OH^-があるとアルカリ性を示す。

くわしく！ アルカリ性の正体とアルカリ
················· チャート式シリーズ参考書 ≫p.64

チャレンジ ➡本冊p.23

電離を表す式：$HCl \longrightarrow H^+ + Cl^-$
説明：水素イオンがあるから酸性になる。

解説

　水素イオンがあると酸性，水酸化物イオンがあるとアルカリ性になる。

⑩ 中和と塩

トライ ➡本冊p.25

1 (1)黄色：酸性
　　青色：アルカリ性
　　緑色：中性
　(2)黄色：水素イオン
　　青色：水酸化物イオン
　　緑色：ない
　(3)②，③　　(4)$NaCl$　　(5)水

2 (1)二酸化炭素
　(2)①$Ca(OH)_2$　　②$CaCO_3$
　(3)溶けない。

解説

1 (3)(4) 中和により，Na^+とCl^-から塩の塩化ナトリウムが，H^+とOH^-から水ができる。

くわしく！ 中和 ················· チャート式シリーズ参考書 ≫p.67
2 水酸化カルシウム水溶液(石灰水)は中和反応で白い沈殿ができるので，二酸化炭素の検出に使われる。

くわしく！ いろいろな塩 ················· チャート式シリーズ参考書 ≫p.69

チャレンジ ➡本冊p.25

中和により，水溶液中の水素イオンが減るから。

解説

　水素が発生するのは，水溶液中に水素イオンがあるからである。

くわしく！ 中和と水素の発生 ········· チャート式シリーズ参考書 ≫p.68

確認問題② ➡本冊p.26

1 (1)手であおぐようにしてかぐ。　(2)水素
　(3)色が消える。　　(4)2，H_2，Cl_2　　(5)ウ

2 (1)名称：銅イオン　　化学式：Cu^{2+}
　(2)①亜鉛　　②イ：銅　　ウ：銅
　(3)マグネシウム＞亜鉛＞銅

3 (1)陽子
　(2)①硫酸イオン：SO_4^{2-}
　　　　　　A：Zn^{2+}　B：Cu^{2+}
　　②2個　③2個
　(3)亜鉛板，銅板　　(4)銅板

4 (1)①HCl，Cl^-　②$NaOH$，OH^-
　(2)水素イオン　　(3)$NaCl$
　(4)水を蒸発させる。　　(5)イ

解説

1　塩酸中には，陽イオンのH^+と陰イオンのCl^-があり，H^+は陰極に，Cl^-は陽極に引かれることで，水素と塩素が発生する。

2 (2)① 硫酸亜鉛水溶液にマグネシウム板を入れると，マグネシウム板は溶け，亜鉛が付着する。
　　② 硫酸銅水溶液中では，マグネシウム板と亜鉛板は溶け，銅が付着する。

3 (3)(4) 銅よりも，亜鉛のほうがイオンになりやすい。亜鉛板では，$Zn \longrightarrow Zn^{2+} + 2e^-$の反応が起こる。2個の電子は導線を通り，銅板へ移動する。

4 (4) 酸性の水溶液中にはH^+が，アルカリ性の水溶液中にはOH^-がある。中性の水溶液には，H^+もOH^-も存在しない。

⑪ 力の合成と分解

トライ　➡本冊 p.29

1 (1)図1：ウ　図2：ア　図3：エ
(2)図1：ア　図2：ア　図3：ウ
2 (1)下の図1
(2)1.8N
(3)下の図2
(4)1.5N

図1 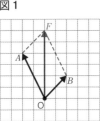　図2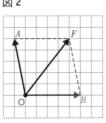

解説

1　図1では，力*A*よりも力*B*のほうが大きいので合力*F*は，$F=B-A>0$となり，物体は右へ動く。
　図2では，力*B*と力*A*は同じ向きなので合力*F*は，$F=A+B$となり，物体は右へ動く。
　図3では，力*A*と力*B*は同じ大きさで向きが反対なので，合力*F*は，$F=B-A=0$となり，力がつりあっているので，物体は動かない。

> くわしく!　力の合成 ……………… チャート式シリーズ参考書 ≫p.75

2　(1)(2)　合力*F*は，力*A*と力*B*を2辺とする平行四辺形の対角線で表される。$F=0.3〔N〕×6=1.8〔N〕$
　(3)(4)　分力*A*と合力*F*の矢印の先を結んだ線分*AF*の長さが，分力*B*の大きさになる。分力*B*は点*O*から線分*AF*と平行な線分として作図する。
　$B=0.3〔N〕×5=1.5〔N〕$

> くわしく!　力の分解 ……………… チャート式シリーズ参考書 ≫p.79

チャレンジ　➡本冊 p.29

式：$F=W$
理由：合力*F*が重力*W*とつりあっているから。

解説

$W-F=0$とも表せる。

> くわしく!　3力のつり合い …………… チャート式シリーズ参考書 ≫p.79

⑫ 水中の物体にはたらく力

トライ　➡本冊 p.31

1 (1)水圧
(2)重力
(3)イ＜ウ＜ア
(4)下の膜
2 (1)0.80 N　(2)浮力
(3)反対向き　(4)0.20 N
(5)いえない。

解説

1　(1)(2)　水にはたらく重力によって生じる圧力を，水圧という。
　(3)　水圧は，水の深さが深くなるほど大きくなる。このため，ゴム膜が最も大きくへこんでいるアが，最も深く沈められている。
　(4)　より水中深くにある下の膜のほうが，上の膜よりもへこみ方が大きくなる。

> くわしく!　水圧 ……………………… チャート式シリーズ参考書 ≫p.80

2　(1)　空気中にあるときのばねばかりが示す値が，おもりの重さである。
　(2)　水中の物体にはたらく上向きの力を，浮力という。
　(3)　浮力は，重力とは反対向きの力である。
　(4)　おもりを半分まで水中に沈めたときの浮力の大きさは，
　$0.80-0.70=0.10〔N〕$
　全体を沈めたときは，浅いときも深いときもともに0.60Nだから，浮力の大きさは，
　$0.80-0.60=0.20〔N〕$
　(5)　物体全体を水中に沈めると，深さに関係なく同じ大きさの浮力を受ける。浮力の大きさは，物体が水中にある部分の体積が大きいほど大きい。

> くわしく!　浮力の大きさを決めるもの
> ……………………………… チャート式シリーズ参考書 ≫p.81

チャレンジ　➡本冊 p.31

　水中の物体には，重力と浮力がはたらいており，その2つの力はつりあっている。

解説

　物体を水中に沈めると，重力＞浮力のときの物体は沈む。物体が浮いて止まっているときは，重力＝浮力になっている。

> くわしく!　浮力と物体の浮き沈み … チャート式シリーズ参考書 ≫p.82

⑬ 物体の運動の記録

トライ ➡本冊p.33

1 (1)$\frac{1}{60}$秒　(2)**0.1秒**

(3)**平均の速さ**

(4)①**cm/s**

②**m/s**

(5)①**84cm/s**

②**0.84m/s**

2 (1)**0.1秒間**

(2)A：**イ**　　B：**エ**

C：**ウ**　　D：**ア**

(3)**40cm/s**

解説

1 (1)(2)　1秒間に60打点するので，1打点するのに$\frac{1}{60}$秒かかる。6打点では，0.1秒になる。

(5)①　平均の速さは，8.4〔cm〕÷0.1〔s〕=84〔cm/s〕

②　1m＝100cmなので，84cm/s＝0.84m/s

くわしく！ 平均の速さ ······················ チャート式シリーズ参考書 ≫p.87

2 (2)　テープを引く向きは左だから，左側にある点ほど早い時期に打点されたものである。

同じ間隔で打点されているAとDは，一定の速さの運動である。Dよりも，打点の間隔の広いAのほうが速い。

Bは，左側の打点の間隔が狭く，右に行くにしたがい間隔が広くなっているから，速さはしだいに速くなっている。Cは，左側の打点の間隔が広く，右に行くにしたがい間隔が狭くなっているから，速さはしだいに遅くなっている。

(3)　0.1秒間の移動距離が4cmだから，40cm/s

くわしく！ 記録テープをもとにした速さ
······················ チャート式シリーズ参考書 ≫p.89

チャレンジ ➡本冊p.33

はじめの部分は打点が重なっているから。

解説

打点を数えやすい記録テープの部分を選ぶ。

⑭ 力と運動

トライ ➡本冊p.35

1 (1)**比例関係がある。**　　(2)**約50cm/s**

(3)**等速直線運動**

2 (1)**イ**　　(2)**大きくなる。**

(3)**ウ**　　(4)**エ**

解説

1 (1)　グラフは原点を通る直線になっているから，時間と移動距離には比例関係がある。

(2)　0.4秒のとき20cm移動しているから，

20〔cm〕÷0.4〔s〕=50〔cm/s〕

(3)　原点を通る比例のグラフより，傾きは一定であることがわかる。グラフの傾きは，速さに等しい。台車は速さが一定で一直線上を運動しているから，等速直線運動である。

くわしく！ 力がはたらかないときの運動
······················ チャート式シリーズ参考書 ≫p.90

2 (1)　台車を斜面のどこに置いても，斜面に平行にはたらく力の大きさは変わらない。

(2)　斜面の角度を大きくしていくと，斜面に平行にはたらく力は大きくなっていく。

(3)(4)　右の図のように，斜面に垂直な力と斜面からの垂直抗力はつりあっているから，台車の運動には関係しない。

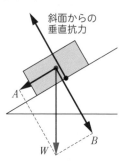

斜面の角度を大きくすると，台車の速さのふえ方が大きくなるのは，斜面に平行な力が大きくなるからである。

くわしく！ 力がはたらくときの運動
······················ チャート式シリーズ参考書 ≫p.91

チャレンジ ➡本冊p.35

乗客は静止し続けようとしたため，進行方向とは逆に傾いた。

解説

物体に力がはたらいていないか，力がはたらいていてもそれらがつりあっているとき，静止している物体は静止し続け，動いている物体は等速直線運動を続ける。

くわしく！ 慣性の法則 ······················ チャート式シリーズ参考書 ≫p.93

⑮ 仕事

トライ ➡本冊p.37

1 **ア，エ**

2 (1)①**18N**　②**3.6J**

(2)①**9N**　②**40cm**　③**3.6J**

（3）仕事の原理

（4）A：**0.9W**　　B：**1.2W**

解説

1　ア，エは，物体が力の向き（重力方向）に逆らった方向に動いているから，仕事をしている。一方，イ，ウは，物体に力を加えても，物体が力の向きに動いていないから，仕事をしていない。

2　(1)①　おもりと滑車の質量の合計1.8kgにかかる重力の大きさは，1Nが100gだから，18Nである。

②　$18〔N〕×0.2〔m〕＝3.6〔J〕$

(2)①②　動滑車を使っているから，ひもの一端は固定されているので，力の大きさは18Nの半分の9Nですむ。ひもは20cmの2倍の40cm引くことになる。

③　$9〔N〕×0.4〔m〕＝3.6〔J〕$

くわしく！ 道具を使ったときの仕事
.... チャート式シリーズ参考書 ≫p.101

(3)　道具を使っても使わなくても，20cm引き上げるまでの仕事の大きさは，3.6Jとなり変わらない。このことから，仕事の原理が導かれる。

(4)　A：20cm引き上げるのに4秒かかっているから，仕事率は，$3.6〔J〕÷4〔s〕＝0.9〔W〕$
　　B：20cm引き上げるのに3秒かかっているから，仕事率は，$3.6〔J〕÷3〔s〕＝1.2〔W〕$
動滑車を使ったBのほうが仕事の能率がよい。

くわしく！ 仕事率 .... チャート式シリーズ参考書 ≫p.103

チャレンジ ➡本冊p.37

6m

解説

仕事は，斜面を使わないときと同じに計算する。仕事は$20〔N〕×3〔m〕＝60〔J〕$となり，斜面を引く力10Nでわれば，斜面にそって引いた距離が求められる。

くわしく！ 仕事の原理の利用 .... チャート式シリーズ参考書 ≫p.102

⑯ エネルギー

トライ ➡本冊p.39

1　(1)ウ　　(2)ア

(3)①質量40gの小球　　②ウ

(4)運動エネルギー

(5)質量を大きくし，高さを高くする。

2　(1)ア，オ　　(2)ウ

解説

1　(1)　図2から，小球を転がす高さが同じなら，小球の質量が大きくなるほど，木片の移動距離が大きいことがわかる。

(2)　図3から，小球の質量が同じなら，転がす高さが高いほど，木片の移動距離が大きいことがわかる。

(3)①　同じ高さでは，質量が大きいほど運動エネルギーは大きい。

②　質量が大きいほうが運動エネルギーは大きい。

くわしく！ 位置エネルギーの大きさ
.... チャート式シリーズ参考書 ≫p.106

(4)　位置エネルギー＋運動エネルギー＝力学的エネルギーである。斜面を転がり始めるときの小球の位置エネルギーは最大で，運動エネルギーは0である。しかし，木片に当たる瞬間の小球の位置エネルギーは最小（あるいは0）で，運動エネルギーは最大になる。

2　ア，オでは，振り子のおもりの位置エネルギーは最大で，運動エネルギーは0になる。ウでは，振り子のおもりの位置エネルギーは0で，運動エネルギーは最大になる。

くわしく！ 力学的エネルギー .... チャート式シリーズ参考書 ≫p.107

チャレンジ ➡本冊p.39

電気エネルギーの一部が熱エネルギーなどに変換されるから。

解説

モーターの外側を触ると熱くなっている。これは電気エネルギーが，運動エネルギーだけではなく，一部が熱エネルギーに変換されたからである。

くわしく！ エネルギー変換効率 ...... チャート式シリーズ参考書 ≫p.110

確認問題③　➡本冊p.40

1　(1)水圧　　(2)ウ＞エ＞イ＞ア

(3)深く沈める。　　(4)浮力

(5)①0.05N　　②0.10N　　(6)0.10N

(7)a：0.74N　　b：0.69N

(8)①0.10N　　②0.10N

(9)物体の体積

2　(1)60cm/s　　(2)比例関係

(3)①等速直線運動　　②慣性

(4)解説の図参照　　(5)垂直抗力

(6)大きくなる。

(7)一定の大きさのままはたらき続けるから。

❸ (1)①**0.06J**　②**0.03W**

(2)**作用・反作用の法則**

(3)**運動エネルギー**

(4)①**大きくなる。**　②**小さくなる。**

(5)**イ**　(6)**熱エネルギー**

解説

❶ (5)①　0.27－0.22＝0.05〔N〕

　②　0.27－0.17＝0.10〔N〕

(6)(9)　おもりB全体を水中に沈めたときの浮力の大きさは，0.79－0.69＝0.10〔N〕

　　体積の同じ物体には同じ大きさの浮力がはたらく。おもりBを半分まで水中に沈めると，0.05Nの浮力がはたらく。

(7)　aの値は，0.79－0.05＝0.74〔N〕

(8)　体積は10cm³だから，おもりA，Bと同じ大きさの浮力がはたらく。

❷ (1)　6〔cm〕÷0.1〔s〕＝60〔cm/s〕

(4)　①斜面に平行な力と，②斜面に垂直な力は，下の図のようになる。

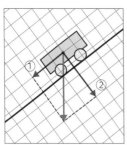

(6)　斜面の角度を大きくしていくと，上の図の①の力は大きくなり，②の力は小さくなる。

(7)　台車を斜面の下から上に向かって押し上げると，斜面に平行で下向きの力が，一定の大きさのままはたらき続ける。このため，台車の斜面を上る速さは一定の割合で小さくなり，やがていったん停止すると，斜面を下り始めることになる。

❸ (1)①　0.5〔N〕×0.12〔m〕＝0.06〔J〕

　②　0.06〔J〕÷2〔s〕＝0.03〔W〕

(4)(5)　位置エネルギーは，高さが高いほど，物体の質量が大きいほど大きくなる。運動エネルギーは，物体の質量が大きいほど，速さが速いほど大きくなる。位置エネルギーと運動エネルギーの和の力学的エネルギーは，一定に保たれている。

(6)　摩擦力がはたらき，摩擦熱が生じた。運動エネルギーの一部は，熱エネルギーに変換された。

🔢 天体の1日の動き

トライ　➡本冊p.43

1 (1)**O**　(2)**北**　(3)**南中高度**

(4)**6時20分**

2 (1)**B**　(2)**15°**　(3)**イ**　(4)**エ**

解説

1 (2)　Aは東，Bは南，Cは西，Dは北。

(4)　Eは日の出，Fは日の入りの位置。太陽は天球上を1時間に3cm移動しているので，5cm移動するのにかかる時間は，$\frac{5}{3}$時間＝1時間40分。

8：00の1時間40分前は6時20分。

くわしく!　太陽の南中や日の出の時刻の求め方
……………………… チャート式シリーズ参考書 ≫p.121

2 (1)　南の空の星は東から西へ動いて見える。

(2)　1日(24時間)で360°動くので，1時間に動く角度は，360°÷24＝15°

(3)　0時の4時間前なので，15°×4＝60°東。

(4)　0時から60°西へ動いた位置なので，0時の4時間後。

くわしく!　星が動いて見える速さ … チャート式シリーズ参考書 ≫p.124

チャレンジ　➡本冊p.43

　地球が地軸を中心にして西から東へ自転しているから。

解説

　地球の自転の向きと，太陽や星の日周運動の向きは逆になる。

くわしく!　星の1日の動き ………… チャート式シリーズ参考書 ≫p.122

🔢 天体の1年の動き

トライ　➡本冊p.44

1 **イ**

2 (1)**C**　(2)**30°**　(3)**18時(午後6時)**

(4)**ア**　(5)**ウ**

3 (1)**A**　(2)**C**　(3)**みずがめ座**

(4)**おうし座**　(5)**太陽と同じ**

解説

1　ア　地球の自転の向きと公転の向きはともに西から東。ウ　地球の公転の向きと太陽が黄道上を動いて見える向きはともに西から東。エ　星の日周運動

の向きと年周運動の向きはともに東から西。

2 (1)(2) 同じ時刻に観測すると，星は1日に約1°，1か月に約30°東から西へ動いて見える。

(3)〜(5) 下の図のようになる。さそり座は1か月に30°東から西へ動いて見える。30°動くのにかかる時間は2時間。

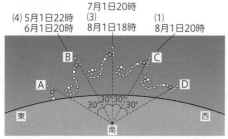

くわしく！ 星の年周運動 ……………… チャート式シリーズ参考書 ≫p.130

3 (1) 真夜中の南の空に見える星座は，地球から見て太陽と反対の方向にある。

(2)(3) 右の図のようになる。

(4)(5) 太陽と同じ方向にある星座は1晩中見ることができない。

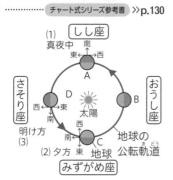

くわしく！ 地球の公転と季節による星座の移り変わり
……………… チャート式シリーズ参考書 ≫p.131

チャレンジ ➡本冊p.45

　地球が太陽のまわりを1年に1回，西から東へ公転しているから。

解説

　地球の公転の向きと，太陽や星の年周運動の向きは逆になる。

19 季節の変化

トライ ➡本冊p.46

1 (1)イ 　(2)78.4°
2 (1)ウ 　(2)ア
　(3)A，C 　(4)北
3 (1)イ 　(2)D 　(3)B
　(4)D 　(5)A，C 　(6)イ

解説

1 (1) 下の図のようになる。なお，北緯35°の地点の冬至の日の南中高度は

　90°−(35°+23.4°)＝31.6°，春分・秋分の日の南中高度は90°−35°＝55°

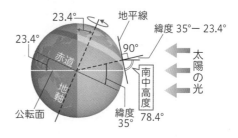

(2) 90°−(35°−23.4°)＝90°−11.6°＝78.4°

くわしく！ 季節が変化する理由 チャート式シリーズ参考書 ≫p.134

2 (1) 冬至の日の太陽の南中高度は最も低く，日の出・日の入りの位置は最も南寄りになる。

(2) 図2のAは春分，Bは夏至，Cは秋分，Dは冬至。夏至の日の南中高度は最も高く，日の出・日の入りの位置は最も北寄りになる。

(3) 太陽が真東からのぼって真西に沈むのは，春分と秋分の日。

くわしく！ 季節による太陽の日周運動の変化
……………… チャート式シリーズ参考書 ≫p.132

3 (1) 地球の公転の向きは自転の向きと同じで，北極側から見て反時計回りになっている。

(2) 北半球が太陽の側に傾いているときが夏至である。図のAは春分，Bは冬至，Cは秋分，Dは夏至。

(3) 太陽の南中高度が最も低くなるのは冬至。

(4) 日の出・日の入りの位置が最も北寄りになるのは夏至。

(5) 昼と夜の長さがほぼ同じになるのは春分・秋分。

(6) このとき，北極では太陽が1日中のぼらない。

チャレンジ ➡本冊p.47

　地球が地軸を傾けたまま，太陽のまわりを公転しているから。

解説

　地軸が公転面に対して垂直な場合，太陽の南中高度や昼の長さは1年を通して変化しない。

20 月の動きと見え方

トライ ➡本冊 p.49

1 (1)公転

(2)ア：C　イ：G　ウ：E　エ：A　オ：D

(3)G　(4)イ

2 (1)皆既日食　(2)a　(3)B，D

解説

1 (2)　月は新月（C）→三日月（D）→上弦の月（E）→満月（G）→下弦の月（A）→新月（C）と約１か月をかけて満ち欠けする。

(3)　日没のころ，東の空にのぼってくる月は，地球から見て太陽と反対の方向にある。

(4)　真夜中に南西の方向に見える月は図１のFの位置にあり，上弦の月と満月の中間の形である。

くわしく！ 月の満ち欠けのしくみ

…………………… チャート式シリーズ参考書 ≫p.140

2 (2)　日食は，太陽がのぼっている時間帯にしか観測できない。

(3)　Cの位置では皆既月食が観測される。

くわしく！ 月食 ………… チャート式シリーズ参考書 ≫p.142

チャレンジ ➡本冊 p.49

日食：太陽の全体，または一部が月に隠れて見えなくなる現象。

月食：月の全体，または一部が地球の影に入る現象。

解説

日食は，太陽，月，地球の順に一直線上に並んだときに起こる。月食は，太陽，地球，月の順に一直線上に並んだときに起こる。

21 金星の動きと見え方

トライ ➡本冊 p.51

1 (1)イ　(2)ウ

(3)ウ　(4)エ

2 (1)A：金星　B：火星

(2)A：ア　B：ア

(3)内惑星　(4)エ　(5)B

解説

1 (2)(4)　金星が地球から遠い位置にあるほど円形に近い形に見える。ただし，アの形のときは太陽と同じ方向にあるので見ることはできない。

(3)　金星の公転周期は地球の公転周期より短いので，１か月後の金星は地球に近づく。

くわしく！ 金星の公転と見え方 ……… チャート式シリーズ参考書 ≫p.143

2 (2)　惑星の公転の向きはすべて同じ。

(5)　外惑星は，地球から見て太陽と反対の方向に位置することがあるため，真夜中にも見られる。

くわしく！ 惑星の動きと見え方 ……… チャート式シリーズ参考書 ≫p.144

チャレンジ ➡本冊 p.51

地球より内側の軌道を公転しているから。

解説

内惑星は地球から見て太陽と反対の方向に位置することがないので，真夜中には見られない。

22 太陽系と宇宙の広がり①

トライ ➡本冊 p.52

1 エ

2 (1)恒星　(2)C

(3)①A　②B　③D

3 (1)イ　(2)b　(3)ウ　(4)(約)２倍

解説

1 ア　太陽は，みずから光を出して輝いている恒星である。イ　太陽は高温の気体（ガス）でできている。ウ　黒点の温度はまわりより低い。

くわしく！ 太陽 ………… チャート式シリーズ参考書 ≫p.149

2 (2)　A（コロナ）は100万℃以上，B（プロミネンス（紅炎））は約10000℃，C（中心部）は約1600万℃，D（黒点）は約4000℃，E（表面）は約6000℃。

3 (2)　黒点は太陽の表面上を，地球から見て東から西へ移動していく。

(4)　$2〔mm〕÷100〔mm〕=\dfrac{1}{50}$

$109×\dfrac{1}{50}=2.18$より，約２倍

くわしく！ 太陽の表面の観察 ……… チャート式シリーズ参考書 ≫p.150

チャレンジ ➡本冊 p.53

太陽の光は非常に強く，直接見ると目をいためるから。

太陽を観察するときは，直接見ることを防ぐため，太陽投影板にうつす。

㉓ 太陽系と宇宙の広がり②

トライ ➡本冊p.55

1 (1)地球型惑星
　(2)水星，金星，地球，火星
　(3)衛星　　(4)長くなっている。
　(5)火星，木星
　(6)①木星　②土星　③金星
2 (1)銀河系(天の川銀河)　　(2)エ
　(3)光年

解説

1 (1)(2)　太陽系の惑星は，大きさと密度によって地球型惑星と木星型惑星に分けられる。大型で密度が小さいのは木星型惑星。

くわしく! 惑星 ………………… チャート式シリーズ参考書 ≫p.151

2 (3)　地球から恒星までの距離は非常に遠いので，光が1年間に進む距離を単位とした光年で表す。

くわしく! 銀河系と宇宙の広がり
………………… チャート式シリーズ参考書 ≫p.153

チャレンジ ➡本冊p.55

地球型惑星：小型で密度が大きい惑星。
木星型惑星：大型で密度が小さい惑星。

解説

地球型惑星は，おもに岩石と金属でできている。木星型惑星は，おもに気体でできている。

確認問題④ ➡本冊p.56

1 (1)北：イ　東：ウ　南：カ　西：ク
　(2)反時計回り(左回り)　　(3)15°
　(4)(星の)日周運動
　(5)地球が，地軸を中心に1日に1回自転しているから。
2 (1)黄道
　(2)①エ　　②ウ　　③ウ
　(3)23.4°　　(4)オ
3 (1)衛星　　(2)①G　　②E　　③C
　(3)ア　　(4)①ウ　　②東
4 (1)恒星
　(2)A：地球　　　B：火星　　　C：天王星
　(3)①地球型惑星　　②木星型惑星
　(4)水星　　(5)太陽系
　(6)銀河系(天の川銀河)
　(7)光年は，光が1年間に進む距離である。

解説

1 (1)(2)　東，南，西の空では，星などの天体は，東から西へ時計回り(右回り)に動いていくように見える。一方，北の空では，北極星(A)を中心に，反時計回り(左回り)に動いていくように見える。
　(3)　360°÷24＝15°

2 (2)③　太陽と同じ方向の星座は，地球からは見えない。
　(4)　90°−(36°−23.4°)＝77.4°

3 (2)②　地球の自転方向は，月の公転と同じである。夕方，南に見えるのは，上弦の月(半月)のEである。
　(3)　地球−月−太陽の順に一直線上に並ぶときに，日食が起こる。また，月−地球−太陽の順に一直線上に並ぶときに，月食が起こる。
　(4)　地球の自転の向きから，ア，イが夕方に西の空に，ウ，エが明け方に東の空に見える。大きく見えることから，イかウである。東側(左側)が輝いているから，明け方に東の空に見えるウとわかる。

4 (4)　金星から，真夜中に見えない惑星は，金星よりも内側の軌道を公転している水星である。

24 生物どうしのつながり

トライ　→本冊 p.59

1 (1)生態系　　(2)イ→ウ→ア

　　(3)食物連鎖　　(4)食物網

2 (1)草食動物：B

　　　肉食動物：A

　　(2)A：消費者　　B：消費者

　　　C：生産者

　　(3)B　　(4)C

　　(5)オ

解説

1 (1)　ナス，アブラムシ，スズメ，ナナホシテントウなどの生物と，まわりの水，空気，土，光などの環境をまとめて，生態系という。

　　(2)　ナスの師管の液を吸うアブラムシを，ナナホシテントウが食べ，ナナホシテントウをスズメが食べる。

　　(3)(4)　生物どうしの「食べる・食べられる」の関係のつながりを，食物連鎖という。動物の場合，いろいろな食物を食べるので，食物連鎖の関係は網目状になり，このつながりを食物網という。

> くわしく！　食物による生物のつながり
> ……………………… チャート式シリーズ参考書 ≫p.159

2 (1)(2)　生物の数量的な関係は，ふつう

　　　A肉食動物＜B草食動物＜C植物

　　となっている。植物は生産者，草食動物と肉食動物は消費者である。

　　(3)〜(5)　ふつう下の図のように，変化する。

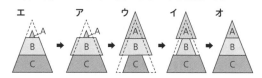

> くわしく！　生物の数量的なつりあいの変化
> ……………………… チャート式シリーズ参考書 ≫p.161

チャレンジ　→本冊 p.59

　有害な物質をためた生物が次々に食べられていくと，その有害な物質の濃度は高くなっていく。

解説

　DDTやPCBなどの生物に悪影響を及ぼす有害な物質は，体内から排出されにくく蓄積しやすい。

> くわしく！　生物濃縮 ……………… チャート式シリーズ参考書 ≫p.161

---

25 物質の循環

トライ　→本冊 p.61

1 (1)ろ液の中の微生物を死滅させるため。

　　(2)A：変化しない。

　　　B：青紫色になる。

　　(3)A　　(4)A

　　(5)分解者

2 (1)光合成

　　(2)A：酸素

　　　B：二酸化炭素

　　(3)呼吸

　　(4)イ，エ，オ

解説

1 (1)　対照実験なので，生きた微生物がいない状態にするため，ろ液を沸騰させる。また，ビーカーにふたをしたり，袋を密封したりするのは，空気中の微生物が入らないようにするためである。

　　(2)〜(4)　微生物のいないBのろ液は，デンプンが残っているので，青紫色に変化する。一方，微生物のいるろ液では，微生物による呼吸が行われ，有機物のデンプンが分解され，二酸化炭素が発生する。

　　(5)　有機物を無機物にまで完全に分解する分解者である微生物は，土の中だけでなく，空気中や水中，生物の体内にも存在する。

> くわしく！　土の中の微生物のはたらき
> ……………………… チャート式シリーズ参考書 ≫p.163

2 (1)　光が当たると，植物は二酸化炭素と水を利用して光合成を行い，有機物と酸素をつくる。

　　(2)　二酸化炭素は，生産者の植物しか吸収しないから，Bが二酸化炭素である。

　　(3)　呼吸は，すべての生物が行っている。

　　(4)　分解者のダンゴムシは甲殻類，納豆菌は細菌類，シイタケは菌類である。

> くわしく！　生物の遺骸のゆくえ ……… チャート式シリーズ参考書 ≫p.162

チャレンジ　→本冊 p.61

　二酸化炭素中の炭素は，植物の光合成により有機物に変えられ循環する。

解説

　一方，空気中の酸素は，光合成のはたらきによってつくられている。

> くわしく！　炭素と酸素の循環 ……… チャート式シリーズ参考書 ≫p.164

26 自然と人間

トライ ➡本冊 p.63

1 (1)ア：(2＋2＝)4　　イ：1
　　ウ：きれいな水
　(2)B 地点
2 (1)化石燃料　　(2)酸性雨
　(3)光化学スモッグ

解説

1 (1)　サワガニとカワゲラ類（幼虫）は、きれいな水の中にいる。

くわしく！　身近な自然環境の調査
　　　　　　　　　　　　　チャート式シリーズ参考書 ≫p.169

2 (2)　雨に強い酸性の硝酸や硫酸が含まれる。

くわしく！　酸性雨 ………………… チャート式シリーズ参考書 ≫p.170

チャレンジ ➡本冊 p.63

　津波避難ビルの建造、緊急地震速報の発表、ハザードマップの作成、建物の耐震補強などから、2つ。

解説

被害を少なくする対策が必要である。

くわしく！　自然災害 ………………… チャート式シリーズ参考書 ≫p.173

27 科学技術と人間①

トライ ➡本冊 p.65

1 (1)①イ　　②ア
　　③ポリエチレンテレフタラート
　(2)石油　　(3)エ
2 (1)①化石燃料　　②二酸化炭素
　　③イ→ウ→ア
　(2)①位置エネルギー
　　②運動エネルギー　　③ウ
　(3)放射性物質

解説

1 (3)　プラスチックはくさらないため、自然に分解されるプラスチックの開発が進められている。

くわしく！　プラスチック …………… チャート式シリーズ参考書 ≫p.178

2　火力発電は二酸化炭素の排出、原子力発電は放射性物質の処理が、問題になっている。

チャレンジ ➡本冊 p.65

　新しいエネルギー源の開発が進められている。

解説

例えば、太陽光や風力などの利用がある。

くわしく！　限りあるエネルギー資源
　　　　　　　　　　　　　チャート式シリーズ参考書 ≫p.180

28 科学技術と人間②

トライ ➡本冊 p.67

1 (1)α線：エ　β線：ウ　中性子線：イ
　(2)人工放射線　　(3)レントゲン検査
　(4)ア
2 (1)イ　　(2)再生可能エネルギー
　(3)光合成　　(4)ウ
　(5)熱エネルギー
3 (1)イ　　(2)イ

解説

1 (2)～(4)　X線は、ドイツのレントゲンによって発見された。

くわしく！　放射線 ………………… チャート式シリーズ参考書 ≫p.180

2 (5)　発生する熱も、暖房や給湯に利用されている。

3　カーボンナノチューブは、電極などへの利用に向けて、開発が進められている。

くわしく！　科学技術の発展 ………… チャート式シリーズ参考書 ≫p.183

チャレンジ ➡本冊 p.67

　蓄積したデータをもとに、独自に判断し、行動することができる。

解説

人工知能は、大量のデータから判断する。

1 (1)植物プランクトン　(2)光合成
(3)食物連鎖　(4)食物網
(5)赤潮　(6)209倍　(7)生物濃縮

2 (1)A：光合成　B：呼吸　(2)エネルギー
(3)C：消費者　D：分解者

3 (1)A：光エネルギー　B：熱エネルギー
(2)①温室効果ガス　②二酸化炭素
　③エ
(3)オゾン層

4 (1)ウラン　(2)二酸化炭素
(3)持続可能な社会　(4)イ
(5)循環型社会

解説

1 (1)(5) 窒素化合物などを多く含む生活排水や工場排水が海や湖沼へ流れこみ，それを養分とする植物プランクトンが大量発生し，海では赤潮，湖沼ではアオコという現象が起こることがある。
(6)(7) DDTの濃度は，Xのプランクトンが0.04ppm，セグロカモメが8.35ppmである。よって，$8.35 \div 0.04 = 208.75$〔倍〕である。このように，食物連鎖・食物網の後にいくほど，分解されにくい物質が体内に蓄積していくことを，生物濃縮という。

2 (3) 分解者は，消費者でもある。

3 (2) 温室効果ガスで問題とされるのは，二酸化炭素，メタンなどである。森林伐採などによる開発で，二酸化炭素を吸収する森林が減少している。
(3) 温室効果ガスの1つであるフロンガスは，紫外線が当たると塩素に分解される。その塩素は，地表に降りそそぐ紫外線を吸収するオゾン層のオゾンを分解すると考えられている。

4 (1) 原子力発電は，放射性物質のウランの核エネルギーを利用して発電している。この発電の問題点には，放射性廃棄物の処理の難しさがある。
(3) 資源には限りがあり，環境に負担のない形で利用することが，将来の世代へとつなげる上で，重要となっている。
(4)(5) 循環型社会を目指す必要があるが，それを進める上で，すべての段階での環境への影響を評価する必要もある。

---

1 (1)酢酸オルセイン液　(2)X
(3)ウ→ア→オ→イ→エ

2 (1)イ　(2)ウ
(3)カエルの卵には殻がなく，陸にうむと乾燥してしまうため。

3 (1)B極　(2)A極：エ　B極：イ
(3)Cu^{2+}，$2Cl^-$（順不同可）

4 (1)中性　(2)ア，エ

5 (1)2N　(2)2N　(3)0.25W　(4)イ

6 (1)D　(2)①西　②イ　(3)午後6時

7 (1)バイオマス　(2)ウ
(3)①微生物　②無機物

解説

1 (1)(2) 核や染色体は，酢酸オルセイン液，酢酸カーミン液などでよく染まる。

2 (1) 染色体の数は，体細胞が$2n$本で，減数分裂で生じる生殖細胞の精子と卵は半分のn本である。一方，受精によって生じる受精卵は，体細胞と同じ$2n$本になっている。
(2) 両生類のカエルは，湿った皮膚で呼吸を行う。

3 (1)(2) 電流が流れると，陽極であるB極に－の電気を帯びた塩化物イオン（Cl^-）が引かれ，電子を1個失い，塩素（Cl_2）が発生する。陰極であるA極では，銅イオン（Cu^{2+}）が引かれ，電子を2個受け取り，電極には銅（Cu）が付着する。
(3) $CuCl_2 \longrightarrow Cu^{2+} + 2Cl^-$

4 BTB溶液が緑色になったときは中性であり，完全に中和している。$NaOH + HCl \longrightarrow NaCl + H_2O$
塩である塩化ナトリウム（$NaCl$）は水に溶け，電離している。

5 (1)(2) おもりにはたらく浮力の大きさは，$5-3=2$〔N〕
浮力の大きさは，深さには関係しない。
(3) 5〔N〕$\times 0.15$〔m〕$\div 3$〔s〕$= 0.25$〔W〕
(4) 水中にある物体は浮力がはたらくので，落下の速さのふえ方は小さくなる。

6 (1)(2) 夕方南中する月は半月（上弦の月：E）なので，三日月はDで西の空に見える。夕方見える金星（よいの明星）は，太陽のある側の西側（右側）が輝くイである。
(3) 天体は，同じ時刻に観察すると1か月に30°西へ動いて見える。1日では1時間で15°動いて見えるので，2時間早い午後6時に南中する。

7 (2) PETは，薬品に強く，透明で，丈夫である。また，密度は$1g/cm^3$より大きい。